愛這個世界

雖然它不夠完美

張家渝

特別致謝

　　本書的完成，要感謝中國國家留學基金委員會的資助，讓我得以英國威斯敏斯特大學訪問學者身分（2013.12-2014.11）遊歷英倫及歐洲數國。感謝臺灣政治大學國際關係研究中心「兩岸菁英暨國際學人蹲點獎助計畫」給予我訪學一個月（2017.3）的機會，得以行腳臺灣多地。

目次

第三部 觀世語絲

第一部

本土觀察

故鄉，不再是歸宿而是驛站

——2015年春節回鄉見聞

　　看起來，春節年年相同。但是，在這一個個節點上，實則我們的故鄉已經發生了質變：它的風景，它的子民……

難見的鄉親

　　與前幾次一般提前幾天或一周回鄉不同，今年我提前了兩周回鄉。2月4日，從北京飛重慶，在解放碑附近待了兩天。6日，我姐夫開車，載我回到璧山區丁家鎮邊他的家中。

　　姐夫本職是鄉小學教師，十年前學習平菇技術並開始大規模生產，現日產一兩噸，銷售額5,000元到10,000元，利潤率約50%。收入不菲是由勤勞支撐的：姐夫一般晚上九點多出發，開貨車運平菇到重慶，分發給小販們，淩晨在重慶市區吃早飯，大約三四點鐘開車回老家，為防驚擾家人，多在貨車裡睡覺到八九點。而在白天，他每週還有好幾節體育課要上，而之前他是數學老師；姐姐是生產主力，白天一天多是在摘平菇，當然也雇好幾個中老年女村民長期採摘，有的一天能掙七八十元。她們在這裡工作，也不耽誤家裡的活兒，亦可照顧孩子。

實際上姐夫家裡有三四人的土地，但基本不種了；其中的一片地還承包給我小叔（亦是教師，不過是在中學）做駕校訓練地了（在鄉鎮和農村，學個駕照成了時尚）。姐夫的主要生產基地有幾十畝，卻不在他自己的村，而是在另一個村（開車也得七八分鐘）。這得感謝當地的商業化程度高：很多人都不願種地，多出租給人用，比如有種苗木的；村民亦不以為本地人打工為恥。

8日，我借姐夫的現代IX35回家，明顯感覺到從縣城到鄉鎮道路上的車輛非常少，公交的頻次亦不高。10日，我到梅江鄉場（因撤鄉並鎮，梅江鄉實際已經消失了）趕集，人也不少，但年輕人很少，孩子也很少。

在我老家所在的龍飛村（本是祝家村，後和其他三個村併入龍飛村），小學同學曹廷孝現在是村支書。他自己也租了家前的二十多畝（包括外村的）稻田，改造成大池塘養魚，在Google Maps上，白花花一大片，非常醒目。我在老家遇到他時，他和幾個聯防隊員開著皮卡正在巡邏，說是跟蹤了三個賊娃子，結果跟丟了。

曹說，現在的龍飛村實際是以前的四個村，本是4000多人，現在居住在村裡的不過1000人。這讓我吃了一驚，因為四分之三的人都外出或移居了。而在我居留鄉間的兩周時間裡，在大年三十之前，一片寧靜，沒有一個返鄉的。而最熱鬧的時候是大年三十、大年初一、初二，最直接的體現是我認識的老少們回來了，比如轎車就有一、二十輛回來。

荒蕪的鄉村

對當下的鄉村來說，最缺乏的是什麼？資金和人力。

正如前文所說，村裡實際居住的人少了四分之三。大部分村民要麼外出務工、經商，要麼直接在鎮或縣城甚至重慶城區買房定居。以前我們老說留守老人和留守兒童，就我們村來說，留守兒童幾乎沒有了，他們也把留守老人帶走了。原因是：教育太重要了，而鄉村教育水準急遽下降。以我曾就讀的村小來說，現在是一幢樓房，但孩子們在這裏只能上到小學三年級（以前是到六年級），之後必須到鄉場上的小學就讀。就成人的行走速度來說，近半小時。

我的鄰居安叔，有兩個兒子，十年前都修了壯觀的二層樓房。他本來開了小食品店，有十多年了，但前幾年就把店轉給另一個鄰居了，自己和老伴到縣裡小兒子家裡帶孩子。在全年裡，樓房幾乎都是沒人的。安叔仍然在自留地裏種蔬菜，不時從縣城坐公交回村採摘；也種一些農作物，農忙時會回村。

我家背後是安姓大院，在我小時大約住四五十人，如今只有七八個人，多為老人。好幾戶都已經定居縣城，老房空置。我家旁邊是大姑家，十多年前花了五萬元修建樓房，但平時均閒置。大姑的獨子已經在重慶城裏買房，她的職責是帶兩個孫子，做飯。另一趙姓鄰居，十五年前花近五萬元修建了三層樓房，目前就兩口子和老母親住，兩個女兒都在外務工。

於是，你在鄉村很容易感受到「死村」的氣息：少有人顯現，無數樓房看似壯觀，卻幾無一人；一些土房年久失修，已經垮塌。水田裡，零星有些油菜，但也有的直接栽了苗木，甚至有的長滿茅草；四處還有紅桔樹，紅紅的滿樹果子沒有人摘，任其自生自滅；小山上栽了速生桉樹，據說是日本種，長大了卻沒有人來收購。

　　人少了，對自然環境的保護倒是有利。比如我村位於長江中上流水土保持重點區域。如今在我家對面的小山坡上，居然出現了野雞。這是幾十年來的一大奇跡。大山、小山上的松針、枯樹也少人去收集來做柴火了。於是大年初一，村裡專門有巡邏隊，不允許上墳祭祖時燒紙錢，怕引發火災，而山間的高音喇叭不停歇地播放著相關政策資訊。

　　人少，問題也來了。比如一些公共服務就達不到。父親是醫生，64歲了，目前和其他幾個村的醫生在新農合醫療點共同辦公。但我的兩歲女兒發燒、拉肚子了，村裡沒法給孩子打吊針。我們只能租一輛麵包車到近十公里外的大興鎮一個私人診所打吊針：醫藥費70多塊，但往返的租車費高達120元。在劉姓醫生的診所裡，病人排長隊，以老人和小孩為主。我粗算了一下，他一年掙四五十萬人民幣應該問題不大。

　　一如既往，村裡沒有垃圾處理站。村民的垃圾扔哪兒去了？扔河道裡。我童年時捉魚抓螃蟹清澈見底的小河已經窄了近四分之三。如今，鄰居在河道裡攔河養鵝、養鴨。每次我扔垃圾（不少是白色垃圾，無法降解），我都很糾結：本不該扔河道，可又沒地兒扔。

有時候想想，鄉村的問題，很多時候實際是產權問題，尤其是宅基地的交易問題。就現行政策來看，宅基地屬於集體所有，於是其上建的住房只能在同村的村民中交易。但不少村民已經或正要移居城市或鄉鎮，留下的村民自己也有住房，於是這些住房就沒了市場。這就形成了一個不對等的流動：農民可在城市（尤其是縣城和鄉鎮）自由購房，且容易落戶（除一線城市外）；城市居民卻不能購買農民宅基地上的房子。於是，我大姑十多年前建的房子，花了五萬元，現在連一萬也賣不出去；當年這五萬元在縣城裡能買五、六十平米，放現在，得值25萬元左右了。

產權問題不解決，城鄉之間天然的屏障就難以革除，鄉村的現代化建設就很難推進。

劇變的時代

事實上，鄉村的大變遷是發生在這十年裡，甚至說是這五年裡。回到鄉村，發現村級公路都成了水泥路，像是綠土間的白飄帶；生產隊與生產隊間，亦有半米寬的水泥路相連，並通到各家。

去年，在我們村，自來水也通到戶了，四元錢一噸，基本告別喝井水的時代。在豬圈屋（兼茅房）裡，政府出資免費安裝了一個獨立小屋作淋浴間，很簡陋，但購買來四個浴霸燈後至少可以解決冬天洗澡冷的問題。

大年初一，姑父的四弟和村民探討一個問題：到底應在哪兒建一個停車場？多年前，他開始在重慶某單行道晝伏夜出，幫人

2015年2月9日，安叔（左）回到老家，順便給供在別人家的壇神燒紙。這家的小女兒嫁出去後和丈夫又回到這裡另租他地養雞，白天也少在家。門鎖了，安叔說，門露個縫就行了。

的車裝腳墊之類，掙錢後在重慶城裡買了房子。現在他和其侄子（大姑之子）合租了門面，依然從事汽車裝飾，一年掙四五十萬元沒問題。

　　當然，無數人都在外掙了大錢：比如鄰居安，比我大幾歲，高考落第，現在貴州畢節開了沙發廠，一天能生產十幾套，雇了八九個工人。據他說，一熟練工人的月薪可達一萬多元；姑父的二弟，在縣城裡開燈飾店二十年了吧，前幾年花了八十萬把縣公交站二層購買下來，面積巨大，如今成了知名的燈具大王；另一村民則直接在廣東開了燈具廠。

　　大年三十，這些人個個開車回家。於是，停車與會車成了難題。

細想下來，停車場或沒那麼重要。其實，故鄉早已不是他們的歸宿，而是成為驛站：每年春節，像是一個儀式，他們大笑著回來，待兩三天後，大笑著離去。

　　作為一個在北京上班拿工資的人，看著他們開著路虎寶馬，聽著他們通宵打牌，眼見兒孫滿堂，感慨說：現在掙死工資的人成了弱勢群體；在大城市混的人，極可能不如在中小城市混的人。

　　對所有認識的鄉親說：時代變了！

2015年2月24日於北京

愛這個世界

雖然它不夠完美

我的鄉土，你的自主
——中國西部城市重慶的城鄉變遷

「披星戴月地奔波，只為一扇窗。當你迷失在路上，能夠看見那燈光。不知不覺把他鄉，當作了故鄉。」

遠觀我家所在院子（中）。

歌手李健十年前寫的一首《異鄉人》，道出了遠走他鄉者的離愁。可在變化迅猛的當今中國，真正一年回一次故鄉（如春節）的人，如我，往往卻是「不知不覺把故鄉，當作了他鄉」。

　　我的故鄉重慶市璧山縣，2014年5月改為璧山區。每一次回鄉，都有新的發現。

政績是副好春藥

　　想起來真是吊詭：在北京工作、生活了十多年，遭遇霧霾數年，卻從未見過清霾車駛過北京街頭。2017年2月1日，重慶市璧山區的Pm2.5為104，輕度污染，卻見兩輛清霾車經過璧青路，向天吐煙霧，體現「與天鬥」的豪情。

　　在區政府部門工作的一朋友反問我，「在北京沒有嗎？我們這兒每天都會清幾次」。

　　簡單的一個細節，實則是觀察這個西部區縣的好窗口。2014年5月2日，經國務院批准撤銷璧山縣，設立重慶市璧山區。按官方數據，璧山區幅員面積914.55平方公里，耕地面積391,770畝，人均耕地面積0.83畝。土壤以水稻土為主，次為紫色土。全區幅員面積915平方公里，轄6個街道、9個鎮，戶籍人口63.5萬，常住人口72.5萬。

　　一句話，就是人多地少，農業為主。十多年前，整個縣的產業定位為「西部鞋都」，不過是來料加工為主。很難說有多大附加值，反倒是增加了不少白血病患者。

近幾年，或許主政的首腦們發現「鞋都」並不是好的定位，產業拉動力一般，於是開始想新方向：一手抓環境，一手抓招商引資。動力背後大書了「政績」二字。

　　就前者來說，當地居民和路人都會有很深的體會。「生態城市」或是建設的目標（報載，2016年1月5日上午，時任國家發改委主任徐紹史到璧山區考察，聽取當地在新型城鎮化建設、生態城市建設和經濟結構轉型等方面的創新做法，並深入企業生產一線調研）。區委區府自2014年起，制定打造璧山建設為活力水城計畫，確立「一河三湖九濕地」的水城建設構架。如果我們聯想起薄熙來當政時，2008年曾推出「五個重慶」（「宜居重慶」、「暢通重慶」、「森林重慶」、「平安重慶」和「健康重慶」）的發展目標，璧山的實踐不是細化版而已（不過，重慶當地一直在全力清除薄的痕跡）。

　　在區委區府所在的璧城鎮，就有了一河一湖一濕地。不過，這些都是人為改造的結果。報載，「一河」中的璧南河，就在2016年被放幹，系五年來首次換水應急搶險工程，「經過40天奮戰，100萬立方米河水換新水，河道＇深耕＇不僅提升行洪能力，更讓碧波蕩漾的生態型河流風景線煥然一新」。

　　在璧城鎮，秀湖濕地公園占地1500畝，500畝湖水，內有4.3萬平方米的仿古建築：包括鐘樓、鼓樓和翰林院等。初來此地，還以為到了明清甚至唐代（附近有商業一條街，名為「唐城」）。不過，中國人在仿真上足夠聰明，就連亂石瀑布中的石頭也是水泥做的。

　　雖然人造風景不經細究，但對區民和路人來說，總算是休閒

好去處。我向朋友開玩笑說，「雖然是山寨的，一千年後這些都是文物級建築」。

　　為政一方，總要做些事情讓民眾知道。這有什麼錯呢？你看到在宜居城鎮上的硬投入與面子實體；還會看到，本沒有濕地的璧城鎮有了觀音塘濕地公園；在秀湖濕地公園內，所有公廁都是「五星級」的，而每一個都是由不同開發商捐建的（我把它稱為「投名狀」）。這讓民眾有面子，最重要的是讓主政者臉上有光。但如果看國外公園多了，你就會發現，這裡的公園更像是遊賞園，而不是民眾園。就前者來說，觀者只是遊客，走馬觀花一走了之；後者，民眾是真正的主人，有跑道或跑步，有免費球場可打球，可深度融入環境，並利用之。

　　好在2017年，城西的東嶽體育休閒公園開放。2018年春節，我和朋友可以悠閒地免費打一小時羽毛球。如果有空，還有兩個網球場一個足球場多個籃球場無數乒乓球台供你娛樂。但周邊是行政大樓和新建住房，平日來享受運動的人少。讓我聯想起倫敦哈羅的體育休閒公園。

　　就招商引資來說，璧山在重慶直轄前，就是全市九區十二縣之一員，是離重慶主城區最近的一個縣，走成渝高速約50分鐘車程。近幾年，重慶基礎設施建設突飛猛進，輕軌一號線已經通到尖頂坡，並計畫2019年通到璧城鎮；大學城隧道通車後，公車可到大學城；成渝高鐵設有璧山站……「要想富，先修路」喊了幾十年，實際上這幾年在西部的重慶才顯現出來：見河架橋，見山打洞。重慶號稱是中國的橋都了。而璧山的交通建設同樣也令人刮目相看：865公里農村公路（多為水泥路）讓鎮街、村社之間

更通暢；2014年9月28日，黛山大道南北貫通，這條23公里長的大道，串聯起璧山境內的三條高速、一條高鐵，拉開了璧山中等城市建設的框架；渝蓉、渝遂過璧山，合璧津高速去年開工，將貫穿璧山南北……

基礎設施好了，自然環境變了，當地人似乎也洋氣起來。朋友帶我到雙星大道看黨政部門的新建辦公樓群：區委、區府、法院、檢察院，還有文化藝術中心……最讓人印象深刻的是2013年竣工的人民廣場，超大，地上廣場建築面積5萬平米，地下停車場建築黃種2.8萬平米，地下車庫停車位達902個，戰時能掩蔽人口1.7萬人。這讓我想起，有個別有用心的攝影師白小刺在全國拍很多政府大樓，讓人歎為觀止（見財新網可視化產品：http://datanews.caixin.com/2015/tower/）。不過，璧山區委區府和人民廣場的設計卻有講究：人民廣場並不都是平的，一半是有坡度的；而區委區委大樓之間本沒有坡，人造了一個小山坡，據說是體現「拾級而上」寓意好升官。

But，為政者好大喜功地刷存在感，總是要付代價的。因為超標，區委、區府去年時並沒有喬遷新居[1]，仍在老地方辦公，

---

[1] 2012年12月4日，中共中央政治局召開會議，審議通過關於改進工作作風、密切聯繫群眾的八項規定。相關規定包括改進調查研究、輕車簡從、改進會風、改進新聞報導、嚴格文稿發表、屬行勤儉節約。

2013年，中共中央辦公廳、國務院辦公廳印發《關於黨政機關停止新建樓堂館所和清理辦公用房的通知》，規定5年內，各級黨政機關一律不得以任何形式和理由新建樓堂館所。

2014年，國家發展改革委、住房城鄉建設部印發《黨政機關辦公用房建設標準的通知》，規定各級工作人員辦公室人均使用面積如下：縣級正職30平方米、縣級副職24平方、正科級18平方米、副科級12平方米、科級以下9平

區委區政府新址前的人民廣場。

新巢由下屬事業單位用著。去年春節時，偌大的人民廣場只有不
到十個人（包括兩三個保安），一個中年男子推著輪椅上的母親
來觀賞噴泉。

今年2月9日下午六點，朋友帶我到人民廣場周邊轉，仍然是
空空蕩蕩，因為雖然區委區政多個部門已經搬到行政區，但附近
兩三公里並無居民區。

在璧山，當地的居民似乎也感覺臉上有光。去年回鄉時，
多位熟識的朋友都提到，美國「著名」的六旗樂園確定要落戶璧
山，投資幾百個億。我一臉懵：「什麼樂園？我見識短淺，只知
道世界上有迪士尼樂園和樂高城堡」。

米。但在現實中，超標準用房很常見。

我的朋友們不會如我一樣好奇地去查個究竟。相關新聞顯示，2016年7月，中國西部首座國際主題樂園「重慶山水主題小鎮──六旗樂園」正式簽約落戶重慶璧山。但是如果你細查一下，就會知道，這是由房產企業山水文園集團（董事局主席李轍的妻子為影視演員王璐瑤）於2014年與美國六旗集團簽約推廣的休閒旅遊地產專案。從地方回應來說，目前只有浙江嘉興的海鹽和重慶璧山接盤。海鹽在前，預計在2019年建成開業。

　　2017年7月20日，璧山區政府在重慶市政府網發佈《璧山區市級重點專案六旗樂園建設取得新成效》一文，披露征地拆遷工作，已獲得征地批復3260畝，拆遷安置1789畝，簽訂拆遷協議349戶，完成拆遷總戶數的96.4%。

　　不過，2018年1月，有璧山璧城街道三角村一村民還在向璧山區政府公開信箱公開質疑拆遷標準太低：「銅梁安居古鎮拆遷，拿土木結構房子開講，安居是3600左右一個平方，而三角村是三百多一個平方」。

　　山水文園作為地產商，似乎沒有運營過像歡樂穀（深圳華僑城旗下品牌）這樣成功的品牌。而這個美國六旗集團（six flags），並不是一個多麼高大上的品牌，其核心競爭力不突出（與迪士尼和樂高相比，沒有獨斷性的產品），最讓人揪心的是，如果我們認真讀讀維基百科裡關於它的詞條（Https://en.wikipedia.org/wiki/Six_Flags）就會發現，2004年以來，「賣、賣、賣」和「破產」就是六旗的關鍵字。直到2016年，才有些利好消息釋出，其中有兩條是中國有兩個地方接盤專案。曾經，北京現代拯救了韓國現代汽車（看北京城裡幾萬輛現代牌計程車就

明瞭），不過，那可是在中國首都攻城掠地，六旗則是區縣點火，未必能燎原吧。

在福祿鎮，幾年前說要打造一個古鎮，前年又說要搞一個溫泉度假村且投資巨大。「中國（廈門）國際投資促進中心」在網站上正在招募投資，總投資為8.5億美元，「規劃5平方公里，建設溫泉、古鎮、遊樂、鄉村別墅。計畫投資20億元，預計產出50億元」。

餅畫得很大，讓我這個出生並成長在離福祿鎮不到四公里的農民有些驚詫：未曾聽過在溫泉，從未見到真古鎮。就此次春節路經該鎮一問，還沒影兒。該鎮房價不到兩千一平，都賣不掉，不少人都到璧城鎮買房了。

讓時光倒轉，2014年就有熱心百姓發問：

「經常在報紙和網路上看到青龍湖旅遊區和福祿休閒旅遊區的字眼，不是從去年就在說要開發這兩個地方嗎，一年多了貌似還沒有什麼動靜。請問現在進展如何，不要又不回覆，謝謝」。

福祿鎮政府於當年10月17日回覆如下：

「福祿休閒旅遊區的打造，是一個系統的工程。既需要政府的強力推進，也需要社會各界的大力支持。感謝網友的關注，期待得到大家更多的支持」。

不過，如同為政者一樣，老百姓也是喜歡「報喜不報憂」的。官員要有政績，政績讓人看得見，無論它是山寨景觀，還是畫一張餅，甚至虧錢買賣，對任期制的他們來說，都是加分項。

掙錢去，掙錢去

68歲的一個老人，春節再度離開鄉村，遠赴千裡外的貴州安順建築場地看護鋼管……

60出頭的一個女人，一生務農，突然有了新的打工意向：到區醫院做保潔……

不深入中國的基層，你是很難想像有這些揪心的「中國故事」：

前者是我小學同學的養父。他老人家結婚後無子，就領養了一個親戚的孩子。我同學高中畢業後到北京打工，家庭總資產有600萬（含房產），但因為媳婦對老人的態度怪異（僅結婚才回其村舍一次，在京又與老人吵架），以致兩個老人在鄉村落落寡居。為養老計，養父前年就開始到貴州為一老鄉承包的建築體鋼管支架打工，主要是看場子，個別螺絲鬆了，也需要幫忙。

他是當地知名的苗木嫁接專家。我問他在貴州一月多少錢，回答說：「3500，不包吃」。他在貴州打工的日子，其妻一人在家，種地養雞養豬。

60歲出頭的老齡打工女人是我的鄰居。其夫幾年前就在璧城鎮蹬三輪謀生，農忙時回家幫忙。夫妻倆育有一兒一女，兒子曾是小學老師，後因某種原因離職，輾轉多種職業，現與其父在璧城鎮租住，新購置了一套房子，還沒裝修。其女，大學畢業後遠嫁廣西桂林，夫家經營一間門面。

平時，老婦人就一人在家，種地養雞養鴨。在春節時，我親眼見她賣了幾次玉米。問了下，大約有兩三千斤。也賣土雞，18元一斤；多年土鴨，一只300元。算下來，這些零零碎碎的錢也不少，但她告訴我，「那天我在縣城看上了一件衣服，挺好的，100多塊，想了想，還是沒捨得買」。

去年，有人介紹她去縣醫院做保潔，因為正好有空檔，有一人缺位。做這項工作並不會包吃住，但有2,500元一個月左右。不過，最終因腿疾嚴重而作罷。

多年前，余華髮表了《十八歲出門遠行》（《北京文學》1987年第1期），一舉成名。小說裡這樣寫父子間的對話：

> 我撲在窗口問：「爸爸，你要出門？」
>
> 父親轉過身來溫和地說：「不，是讓你出門。」
>
> 「讓我出門？」
>
> 「是的，你已經十八了，你應該去認識一下外面的世界了。」

三十年後，余華和他的讀者們都難以想像，劇情逆轉了：60多歲出門遠行。掙養老錢成為他們的直接動力。

正如我幾年前觀察到的，鄉村實際上慢慢在死去。年輕人出去打工，在壁城鎮置業，讓老人去帶孩子或護送上下學。接着，一些老人也開始出去謀生。鄉村的空心化更加明顯。

當然，想掙錢的不只是農民。我的一個初、高中同學前年在縣城買了套房，四千元一平方，共近一百平方。他本是重慶市

區一小學的老師，家也安在重慶市區。此次殺回縣裡置業，除宜居、房價低外，更重要的是可以做生意：新房子在社區一層，經改造裝修後成為一間麻將館。八張桌子，如果按一張桌子一天牌費40元，日收入就高達320元，月收入超過萬元。

不好的消息是，每逢春節，公安在璧城鎮抓賭，導致不少人想賭不敢賭。所幸的是，川渝兩地的人好賭之心天下聞名，而公安抓賭並不見得是一個長效行動，所以麻將館不見得天天顧客盈門，營收總是可以賽過一個上班族的工資的。

我在飯局上認識的一個朋友比我大一歲，在區委工作，卻在不遠的老家種了一百多棵沃柑，養了三十多箱蜜蜂（這一數字超過我父親的養蜂箱數，他老人家已經養蜂三十多年，不過才十多箱）。朋友自陳是業餘愛好，不過「一年幾萬塊錢沒問題」。要知道，重慶市統計局公佈的2015年度全市城鎮非私營單位在崗職工年平均工資為62,091元（5,175元／月）。

就連我們的村支書曹廷孝——我的小學同學——也在想著掙錢。除了幾年前承包幾十畝稻田養魚外，前年開始對沃柑產生興趣，邀約了幾個有心有資金的村民投資，通過流轉400畝地，全部種上這個新品種。投資的方式是一人一股，大約10萬元一股，彷彿總計四、五股。

重慶的丘陵地況及亞熱帶氣候，本就適合柑桔類水果的生長。事實上，在前二十年，它也是璧山鄉村僅有的經濟類作物。只不過，以前是紅桔和普通柑子為主打（二十年前，大個紅桔收購價能到4毛錢一斤，比玉米等糧食都貴。我在大學上學的月生活費才四、五十元），家家都能產一兩千斤桔子。但十年裡，人

們的生活水準提高了，要求也高了：普通柑子沒人吃，紅桔更沒市場了。但這些年，基本沒有投資方到此地（亦緣於交通等原因）來承包專案。

去年春節時，與曹支書聊天，他力贊沃柑這個全新品種，說是品種好，晚熟（同時段柑桔類沒有競爭對手），價高（大約能賣8到10元一斤）。不過，2018年2月10日，我在縣城裡看到，路邊有農民挑擔賣沃柑，5塊一斤。據資料介紹，沃柑也有多種，其中枳砧「沃柑」嫁接苗，定植3年後即開始試花，第4年株產可達5.1公斤，第5年株產可達19.7公斤。

曹書記這兩年跑了不少地方，包括雲南褚時健搞的褚橙生產基地。這些經歷拓展了他的視野。承包的四百畝地，樹苗都栽上了。我路過時看了其中的一個小山坡，坡頂建了水池，修了公路到平地，坡下修好了灌水渠（水泥板覆蓋其上，可以過一倆獨輪車）。而這些基礎工程都是國家財政針對這個農業專案的免費投資。與此同時，曹支書這個團隊還向村民免費發送了一萬多株沃柑苗木，只不過怕他們不善待幼苗，每根收取了兩三元的押金，以後可以退還。

抽中華煙的曹支書是非常有想法的中年人，官方也很認可。一個佐證是璧山區人民政府公眾資訊網在2016年12月28日公佈，「8名同志當選為璧山區出席重慶市第五次黨代會代表」，其中五男三女，與曹同學同入圍的是區委書記、區長、園林局局長等。另一個佐證是，前幾年未經審批，以玉河灣水庫作為水源在全村建自來水系統（每噸水售價4元），在鄰近山頂建了消毒水池，因面積大被國土局衛星遙感測到，後又整改過關。同樣，沃

柑專案裡的名堂很多，有了這個專案，國家財政的配套資金就來了。包括其他撥款，全村2016年還有餘額五百萬元。他說這筆錢部分將用於修路和道路硬化上。

對普羅大眾來說，掙錢花錢存錢讓自己和家庭生活更美好，是活著的動力，也是願景。

當然，掙錢也不是那麼容易的。實體經濟不景氣，對每個普通人都可能產生影響。

去年春節回鄉，一同學說自己拿了辛苦存的幾十萬給一個投資鋼材生意，因建築行為不景氣，看起來血本無歸；表弟也說有幾十萬給了自己的一個叔叔，號稱在內蒙修機場，回報高，現在看來本兒也沒有了。而他自己買的房子還在還月供，自說「哪個人不想掙錢嘛」；這個叔叔春節開了輛寶馬X6回來行駛在鄉間小路上，碰見我當律師的二叔，說能否幫打官司要錢回來，成了後會出錢把進村的這條路硬化。今年春節回鄉，才知官司贏了，錢卻回不來了。

而政治人物的更替也會對普通人的收入產生影響。比如薄熙來垮臺了，讓我姐夫的平菇徒弟田姐就很失落。多年前她在縣城邊自己村邊承包了一座山，（對，沒看錯，是一座山）三十年。她說，「要是他沒倒臺的話，我家的樓房和我承包的山，都要拆遷，當時計畫都快執行了」。因為動議好幾年了，她在山上基本放棄了追加投資。

掙錢其實有兩種面向：去掙，省錢。後者也有好幾種表現，一種最常見，即小農經濟，自產自銷。鄰居安叔一家雖然在縣城裡住，卻在自己的土地上種了蔬菜，定期坐公交（2.5元）回老

家採摘後當天帶回縣城。

在村裡，仍然有極個別的農民主要收入來源是養家畜來賣錢。而餵養這些家畜的糧食是在自家人均五分地裡種的。也有農民把移居縣城村民的土地拿過來種的。這些糧食看起來是免費得來的，但實際上農民自身的勞動力並沒有算錢。

另外，少花錢其實也是掙錢的一種方式。我的一個同姓伯父，在我上初中時是學校所在鎮糧站的站長。退休好幾年了，結果回到農村老家住（十年前就花兩三萬把土房推倒建了磚房）。今年春節時我和他聊天，才知這幾年他和農民老伴在家種菜種糧食甚至種水稻，而且更誇張的是，居然還養豬殺了自己吃！種水稻呢，也是請人犁田、插秧、收穀！我笑，「這成本不低啊。」張伯伯卻說，「不貴，人工一天也沒多少錢」。他說，「我們這代人跟你們不一樣，還真喜歡在農村住」。

我卻覺得，農村空氣好、空間大行走自由是一方面，但城鎮裡住著什麼都要錢卻是一些有條件的人決意居留農村的重要原因。我父親也是這樣。今年67歲了依然壯心不已：一邊繼續他四十年的鄉村醫生生涯，一邊務工，家裡餵十幾隻雞，種玉米紅薯水稻。實際上他和母親完全可以到幾年前在縣城買的房子裡去（租了好幾年，自己一次沒住過），但念想看病還有些收入，且在農村生活慣了，依然就地生活。

最讓父親掛心上的是，國家關於鄉村醫生的政策一直沒有落實上來。2015年，國務院辦公廳下發《關於進一步加強鄉村醫生隊伍建設的實施意見》（國辦發〔2015〕13號），第八條專門提及「建立健全鄉村醫生養老和退出政策」：

完善鄉村醫生養老政策。……對於年滿60周歲的鄉村醫生，各地要結合實際，採取補助等多種形式，進一步提高鄉村醫生養老待遇。

建立鄉村醫生退出機制。各地要結合實際，建立鄉村醫生退出機制。確有需要的，村衛生室可以返聘鄉村醫生繼續執業。

一年左右，重慶市人民政府辦公廳下發《關於進一步加強鄉村醫生隊伍建設的實施意見》（渝府辦發〔2016〕1號），在「完善鄉村醫生保障政策」部分也提到：

完善鄉村醫生養老政策。各區縣（自治縣）要支持和引導在崗鄉村醫生按規定參加城鎮職工養老保險或城鄉居民養老保險。妥善處理好年滿60周歲的鄉村醫生養老問題，具體辦法另行制定。

建立鄉村醫生退出機制。建立健全鄉村醫生到齡退出、違法違規退出機制。村衛生室確有需要的，可以返聘60周歲以上的執業（助理）醫師、鄉村全科執業助理醫師或業績突出的註冊鄉村醫生繼續執業。

事實上，「具體辦法」沒見著，「返聘」也是虛指。這些年，農村合作醫療從九個村同點辦公又轉變成各村單幹，醫生們從原本拿工資的幹活又變成了個體。

對父親來說，要掙錢，靠不了政府（政策），只能靠自己了。

觀念的變與不變

　　在縣鄉，花錢是個技術活兒，而有些錢感覺花得冤，有些錢又花得奇。表像背後呈現了人們觀念的變化。

　　兩年前春節時我回鄉，七隊的王家幾兄弟吃年飯還在我大姑家（大姑父是王家老大，幾年前在貴州去世）。王四想找一塊地來做停車場，以解決車多不好會車的難題，但未果。

　　去年一回鄉，卻發現我家門前一條新路通到七隊半山坡上，而一座大宅平地而起。王四一見我，就抱怨，「我們在村裡也沒人，國家修路政策我們也享受不到。好處都讓村幹部們享受到

2017年建的新路。新修的鄉道，路的盡頭即是豪宅。這是今年的樣子。

了。你這個做記者的，能不能報導一下？」

王四小學文化，卻是能幹、心細的人。他確實說到了點子上，本來從梅江鄉場到我家所在地有一條鄉道，可通汽車，鄉民幾十年前出錢出力修的。但前幾年，從梅江到福祿鎮的路進行貫通並且硬化（即水泥化），改了線路。我們生產隊（二隊）有三處聚居地（樓房灣、王家堰池、馬朝田），新的水泥馬路雙車道，卻只過兩處聚居地，唯獨沒過我家所在的樓房灣，而且連與這鄉村豪華馬路相連的機耕道也沒有（曾向曹書記提及此事，他表示春節後要推一條路相連，只要土地協調好）。近鄰的七隊住了幾十戶，人也不算少，但一點兒好處沒有沾到。今年回鄉，我發現，確實早推了一條公路與豪華馬路相連。

王家幾兄弟在當地算是有錢的（主要在縣城和重慶地市做燈具銷售），感到無望後花一百萬合夥在王家的老屋處建了鄉村豪宅，而從我家前面的橋邊，修了一條兩車道的鄉道直通豪宅。這條不到兩千米的路，花了二十萬，其中十萬是給挖掘機的。修橋花了一萬，置換土地無效導致需要補償也花了些錢。

我到豪宅裡去看了，一樓是通透的大廳加廚房。大廳太嚇人，快兩百平米吧，放了四五張麻將桌（大家庭標配）還覺得空得很。二樓三樓則是臥室，大家庭裡的每一個小家庭都有一間屋（沒出錢的好像也有）。

如此大興土木，但一年中這些小家庭可能就春節回來住幾天就走，空置率奇高。而且，按現行國家土地政策，農村的土地屬於集體所有，也就是說你在鄉村宅基地上建房子，想轉讓，只能轉讓給同村的人，而且你的房子並沒有城鎮商品房那般有產權證

（現為不動產證書）。而農村裡的人越來越少，城裡人又不能買房買地，所以在農村建房子基本是硬投入，沒回報：十年前你在農村花五萬元建一幢樓，現在一萬元都沒人買；但如果十年前花五萬元在縣城買一套至少漲了五倍。而且，在農村的房子，若子女的戶口不在村裡了，按《土地管理法》相關規定，父輩宅基地不能繼承，所幸建造的房子可繼承。

實際上這條新路修建前並沒有報備，但方便了整個生產隊（多年前本有一條鄉道通到該隊，但繞得太遠了些），所以村委也樂見其成。早十年，王家兄弟沒有這麼多錢修路修豪宅，但即使有這麼多錢，仍然不會想到在鄉村重建房屋。

在我家所在的院落，至少有七八幢樓（七八家人戶）至少閒置六七年了。平時沒有人居住，五年前，在過年時，它們的主人們會從城裡提前趕回來，一大家子人吃年夜飯，然後初三左右又散去。這幾年變化了：春節期間這些人只是選擇一天（如初一或初二）回鄉上墳祭祖後就走了。

當然，也有另外一些人開始逆向行動：在外掙了錢，回鄉修房子。這種現象在各鄉鎮的村裡都有。甚至有把縣城的房子賣掉，回鄉大興土木的。

去年春節的一天，王代香——比我大幾歲的同隊人——在鄰居家購買玉米，一買就是十袋。在鄉道上，他丈夫的SUV在等。一問，才知道她正在建大房子，也在養雞。我的興趣就上來了，她也邀請我去參觀她們的屋。

一到現場我就驚著了：在水泥鄉道邊，他們的兩樓一底建築格外醒目。王代香告訴我，建築面積一共800平方，造價80萬人

村裡因無人居住而廢棄的樓房。

民幣，六室一廳。一樓是一個通透的大廳，一看就是聚會廳＋麻將廳。只有二樓已經裝修好了，三室一大廳。廚房＋露天陽臺有四十平米吧。每間屋都有衛生間、然後還有防盜門，相當於二、三星級賓館的水準。三樓則打造了一個四合院的樣式。

他們兩口子非常傳奇，其夫是建築包工頭，在縣城裡幹了多年，現仍從事這門生意。若鄉民要建房子，他們可以設計、施工。他們曾在縣城裡買了一套一百多平方的商品房，結果屋頂漏水問題老解決不了，就賣掉了，大約四十多萬。

更傳奇的是，他們一樓還沒裝修，於是王代香恢復了農人的本色：養雞，一養就是一兩百只，大多為蛋雞，每天可以賣幾十個雞蛋。

這兩口子有一兒子，20多歲，已經在重慶另一個區工作了。我就問王代香，「幹嘛不在城裡住，農村很好啊？」她和丈夫都

說，「還是農村好，空氣好，人少，空間大」。又說，「現在交通這麼發達，我們開個車也很方便」。

他們長年在外跑，見多識廣，顯然投資80萬元建一棟鄉同村別墅（沒有隨時可變現的產權證）不會只用於自住。王代香承認，以後會搞農家樂，吃喝玩樂住一條龍，住一晚一個如城裡賓館樣的單間帶衛生間也就三五十塊錢。

我當時想像出一年後畫面：一些一樓成為超大的棋牌室，麻將聲四起；院外，一方池塘邊，不少城裡來的人悠閒地垂釣；另一側，採摘完沃柑的俊男靚女們，回到這棟別墅吃喝、休息。

但是且慢，雖然王代香能幹，但鄰里們並不會輕易讓她圓夢，甚至直接不合作。比如，你會發現地壩邊有一塊小小的菜地，蔬菜們正綠綠地長著，頭頂上都是機動車過馬路時送來的塵灰。地盤雖少，卻嚴重地影響了別墅的入口的寬度。王代香拿錢給鄉親購買，不允；拿土地置換，拒絕。

同樣，其別墅下方是一大片稻田，改造成魚塘的話，立馬讓別墅錦上添花，多了靈氣，也多了生意。但如菜地的主人一樣，沒有一家稻田的主人同意。對了，還有沃柑，其實也是未知數，不知道曹書記的宏圖能否大展。對王代香來說，生意主要來自城市，因為鄉下實在沒幾個人了。

我從別墅裡的一個臥室窗戶往外看，有好幾座老墳，應該有幾十年了。它如同一些鄉民骨子裡的特質——眼見你起高樓，眼見你發達了，就等你樓塌——永不改變。

我問王代香，「這兩年我發現很多有樓房的人，從城裡回來也不住了，上完墳就走了。你怎麼還建啊？」她的回答很有意

花費人民幣100萬建的鄉村豪宅。

思：「就是因為他們以前的房子建得太差了啊。你看看我們這個，跟城裡的賓館有多大區別？」想來有一定的道理，她啟發了我的一想法：我們家的土房根本沒必要推倒重建，春節或平時回老家時直接住王代香的別墅就行，一晚三五十塊，享受人家投資80萬元的服務，還可以花小錢吃農家飯。

今年2月4日，王代香的豪宅全部裝修完了，宴請陣仗很大。房子的全部弄下來，花了一百萬。

回老家，自己的家不住，住別人的奢華家，在我輩來說，應該無所謂的，還算是佳選。但我們的父輩多半有所謂。他們的一些觀念堅若磐石。

去年5月，在我姐夫的推動下，把住了四十多年的土房翻新了一下：換屋頂、加固並更換家電和傢俱，一共花費6萬多元。今年春節，我一回家，卻發現家裡硬體確實改觀了，但爸媽的習

慣依舊：為省錢，依然主燒柴火燒水、做飯；為了省四塊錢一噸的自來水費，居然到河裡挑水；裝有馬桶的衛生間基本不用，說費水⋯⋯

前年早些時候，村裡開始裝燃氣。父親在一次電話裡提及此事，並說安裝費5000元（對，你沒有看錯），結果交了兩千，氣量表都掛上了。結果後來安裝的人說管道要走地壩，必須開膛破肚，有些迷信的父親覺得被破了風水，就不同意。但訂金對方又不退，此事就僵住了。

一聽這事，我就給了意見：燃氣不用裝。訂金問題我電話跟老同學曹書記溝通。我的理由是：5000元安裝費不是小數字，相當於1萬度電，你兩個老人家就算天天用電炒菜煲湯做米飯，這輩子能用完不？用燃氣還得掏錢購買灶具，得好幾百，而且這些投資還只是開始，一開燃氣，又得交錢，也得近兩塊錢一立方吧？

幾年前，我就給家裡購買了電磁爐炒鍋湯鍋，還有電開水壺，結果父母根本就不用，放閣樓上閒置著。今年春節我一回家，他們才拿出來用。平時呢，母親寧願上山去背柴火來燒，既不環保，也省不了多少錢。去年我又在網路商城上買了電磁爐，199元還送炒鍋湯鍋，由姐取貨後帶回了家。這樣，兩桌人吃飯也夠用了。但基本上是閒置的，給的說法是，與柴火相比，火力不夠。

父母平時少用電，主要是覺得電費需要錢。但我就不明白，五毛多的一度電都捨不得花，為什麼願意花五千多去裝燃氣？這不只是我家才這樣。實際上，我的鄰居，連100元的衣服都捨不得買，但也裝了燃氣。而平時就她一個人在家。還有我的大姑，

一年回不了幾次老家，也裝上了燃氣。

　　我左問右問，都沒有得到一個確切答案。我猜想，或許是農村人認為燃氣是城市的標配，於是寧可花鉅資安裝上燃氣，即令不用，也會覺得身分提升了？

　　現在回頭看，在鄉村，村民（尤其是久居村莊者）抱持很多傳統觀念不變（極度節約、自私、愛佔便宜和斤斤計較等）與其出生和成長的環境大相關，也與1982年開始在全國推行家庭聯產承包制也有很大關係：它讓村民各自為政而且劃地為牢。不可否認，在一定歷史時期（改革開放初期），它有先進性，比如激發了個人求利的衝動，對個人所得的保障。但時過境遷，一人半畝田半畝地的存量資產再怎麼盤活，也不可能讓人達到小康的。長期固化的制度設計（近幾年才有土地流轉政策出臺，重慶創新性地推出「地票」制度，但對偏遠的村莊沒有多大意義），形塑了村民們的思維，進而影響到他們的生活方式。

　　我們院子裡的安昌群，年輕有為，曾和丈夫遠赴山東濟南搞裝修。去年他們回到我們生產隊，想承包幾十畝地來做農業產業化，開出的租金是稻田每年800元／畝。若能談妥，他們會從水泥公路修一條公路進村，而且除做大棚蔬菜外，還會把部分稻田改造為魚塘。此專案本是想照顧鄉親們的。安昌群的父親安代炳為人不錯，以前在家務農，後隨女兒到濟南幫忙幾年，回鄉說項，結果失敗了。反對者有一兩個，平時都住縣城裡，村裡的土地仍種著。一個反對將自己的稻田改為魚塘，一個認為土地需要重新丈量，還認為租金開低了。於是泡湯了，安昌群夫婦這個投資幾十萬的專案換到縣裡另一個鎮，交通更方便，到縣城的車程

也就20分鐘，而我村到縣城至少40分鐘。

在很多村民眼中，自留地是自己的私產，不會輕易放手。這當然要拜國家政策所賜：雖然土地集體所有，但承包到戶後一直自家人使用，而且多年前國家明示土地承包三十年不變，所以自持不可侵犯的思想深植人心。

有一次我從縣城返回老家，從福祿鎮斑竹村到我所在的龍飛村，中間有一公里沒有硬化。我坐在摩的（摩托車黑車）上，抖得心快碎了。這段路原是土路，鋪了不少石子，但若要硬化，必須拓寬，而拓寬就占村民的土地。可是，很多人不願意土地被占，也不願意置換和得補償，於是只好原樣歸原樣。

去年春節期間，當我向曹書記抱怨我們的院子和七隊沒有享受到國家財政支持、每人納貢50元的水泥馬路時，他回說：「當時設計時就是過你們院子的，但好多人不讓地。村裡還有錢，如果你能把土地協調好，我們立馬就可以推一條馬路進來」。

作為村支書，曹廷孝深感村民觀念存在的問題。比如幾年前裝自來水，一些家庭就不裝，覺得井水好。後來，發現井水品質不行了，又折回來安裝。不過，聰明的他事先開會議定，後安裝的會提高安裝費。

苦活與樂活

按代理區長秦文敏在《政府工作報告》（2018年1月19日）上透露的數據，2017年，地區生產總值達到480億元，增長

10.1%。城鎮化率提高2個百分點，達到56.26%。

城鎮化率當然有我村村民們的貢獻：他們跟隨子女的步伐，進駐縣城，主業是照看孫子孫女。他們的胎記卻很難改變。

一天，兩個在縣裡居住的大嬸回鄉來買土雞蛋土雞土鴨摘菜，滿載而歸。返城路有兩個方向：一是向南走25分鐘到梅江鄉場，坐3.5元的公交到縣城，時間40分鐘；或向北走35分鐘到福祿鎮，坐2.5元的公交到縣城，時間35分鐘。

其中的一個人嬸選擇了向北走，會省一塊錢的公交費，但負重走路的時間會長十分鐘。此外，兩人同行，本可叫一個摩的，大約8塊錢就可從我家拉到鄉鎮上。

我把這個生活方式命之為「苦活」。在鄉村，很多人，比如我父母，本有條件享福，但他們並不會去享福。節儉過苦日子的意識形態好在像我這輩（1970後）和更小一輩的人，開始有意識跳脫這樣的思維方式和生活方式。

比如我姐和姐夫，十多年來一直種平菇，從小作坊到大基地，勤勞致富，享受生活的想法都少有出現。這幾年終於有所改變了。比如2015年夏，正好是生產淡季，他們和姐夫的姐一家，再加我姐夫的兩個徒弟，兩輛車從重慶出發，開到青海湖，看風景、買犛牛肉，再驅車回家，全程一、二十天。2016年7月，原班人馬又自駕從重慶到成都，走川南藏南線到拉薩，返回時走青藏線、若爾蓋汶川成都回重慶。去年夏天，他們自駕從重慶到華山－河南－北京－大連－煙臺－泰山再回重慶，今年自駕到福建。

去年，我跟隨他們的自駕團進藏，一路感受到他們身上的農

村人與城市人的複合體氣質，就是偶爾節省，但當花則花，這和我們的父輩大不相同了，但與1980後和1990後的享樂至上還是有差別，我把它名之為「謹慎樂活者」。

要知道，我姐夫的姐姐，算是1960後，與其丈夫曾在四川自貢做辣椒生意十多年。去年春節，我姐動議開車去看四川自貢燈會。在我姐夫的姐夫那輛CRV上，這老兩口說，雖然在自貢十多年，但一次都沒去看過。而據資料記載，自貢地區早在唐宋年間就有新年賞燈的習俗，明清時期進一步發展為各種會節。1964年，自貢市人民政府組織了中華人民共和國成立以來的首屆燈會，至1992年已經舉辦了十屆。去年春節，則是第二十三屆了。可見，他們當年掙錢真忙，更重要的是，心思主要都在錢上了。

當然了，現今這對1960後也開始懂得，人一生不只是為了傳宗接代。更重要的是，自己也要有多彩的生活。

以前我們老說「好死不如賴活著」，現在可不是了，越來越多的村民覺得健康地活、快樂地活更好。

比如在村裡，信耶穌基督的多起來。上帝醒著也難以想像，重慶西邊一個如桃花源安靜的小山莊，六十歲的老嫗做完農活，把手上的泥洗乾淨後，開始學習《聖經》。

對的，她就是我的鄰居。在村裡，還有不少和她一樣的人，身體不好（比如她腿有些瘸了），這幾年開始信教，每週六（日）走近半小時到福祿鎮斑竹村的教堂學習教義。據她講，教徒有100多人，有男有女，也不只是中老年人，也有年輕人。其中一個牧師，是四十多歲的女性。實際上，在福祿鎮大田村，我舅媽的腿問題更嚴重，但每週的禮拜是鐵打不動的。

按我母親的說法，「他們這些人信教，其實就是怕死了被燒」。這種說法可能有些褊狹，但按早期政策，在村裡教徒確實可以土葬。但查《重慶市殯葬事務管理辦法》（2002年8月1日起施行），並無相關規定。

不過，對漢人來說，信某一種教，帶有很強的功利性目的是常態。即使是這樣，還是會對村民教徒產生潛移默化的影響。鄰居就提到，教徒裡有一個白血病患者，教會號召捐助，確實有不少人捐錢了。此外，通過學習教義，至少要假裝向善，而且內心裡有所淨化，即令病不可治，亦有欣慰在。

苦活變樂活當然也不是那麼容易的事。所幸的是，在社會進步過程中，新的人生觀、價值觀和世界觀在每個人，包括村民身上顯影出來。

二叔幾年前因二嬸工傷自學法律，以一個初中數學教師身份通過了國家司法考試，一邊上課一邊當律師。現在提前退休的他專職做起律師，開始風生水起，很忙，連親戚們都說他「發了」。

問二叔現況如何，說經濟糾紛類的案件多了，離婚打官司的也多了。在家時，一個阿婆過來問二叔的電話：她的女婿五十多了，是個「天棒」（四川話，地痞流氓之意），好吃懶做，在家裡很橫拿錢在外面嫖妓還打自己的老婆時常邀五喊四地叫一些兄弟回家吃喝。這個惡人現在縣城裡和別的女人住一起，前段時間提出離婚。二叔是他的代理律師，可阿婆的女兒早不堪忍受家暴，早就不在農村家住，也不知道哪里去了。據信可能到外地打工去了。

十年前，在村裡聽聞誰家離婚了，都會是大新聞，而且當事人總會以此為恥而不願為外人道。不過，世風時移，在鄉村，離婚這幾年已經見怪不怪了。所以，這個阿婆需要向我二叔問計，解救自己的獨女於水火中。

我還在丁家鎮聽到70多歲的親戚講了新事，「現在，離婚也不是什麼大事的。我們這邊有一個已經當了外婆的女人離婚了」。

但是且慢，離婚一定等於沒有真愛了嗎？當然不一定。比如我姐夫的大姐明確告訴我，「我們當年為了要二娃，就假離婚了。現在二娃都高二了，我們也沒有複婚」。這事實上的老兩口，在四川某市做了十多年的辣椒生意，在重慶等地有多處房產，資產幾百萬。只不過，兩人在一起，口角之爭並不缺乏，稍有分歧，這大姐動手甚至扔碗砸人之類的也習以為常。

那麼，一直沒有結婚就一定沒有真愛嗎？也不一定。我的一個長輩十幾年前離婚，再找了一個離過婚的女人離婚，雙方之前各育有一孩，婚後又育有一子。

春節時，這個女人開始向我們報怨，說她丈夫的問題：喜歡喝酒，喝酒花了無數錢財不說，但一回家就換了一個人，「我和女兒、兒子電視也不能看，說那些都是假的，有害」。

雖然他們婚生的兒子也十歲了，令我驚訝的是，兩人並沒有領取結婚證！她說，「這套房子的首付還是我出的，也沒有寫我的名字。前幾天，在縣城買了一套，我要求把兒子的名字寫上」。在她眼中，其丈夫個子矮，好面子，亂花錢。不過，這兩人每天生活在一起，也是真夫妻。

這些實打實的案例告訴我，我以前認為的兩種真愛的形式是不完整的：其中之一，是兩人從一而終，雖有羈絆甚至磨難，至死不分離；其二，是某一方不計代價，離婚後與另一方結婚（現實中，不少是雙方同時離婚，為了走到一起）。

現在，我終於知道，還有兩種真愛的方式：一種是離婚後還以真夫妻方式生活，雖然財產權、名聲（好在沒人知道離沒離）可能受影響，但生活依然繼續；一種是壓根兒沒有結婚，但卻以真夫妻方式，生兒育女。

另一個問題，婚姻一定要門當戶對嗎？我以前認為鄉下更明顯。表哥的話糾正了我的偏見，「我們鎮附近出現過好幾個類似的情況：女方開廠的，很有錢，於是找一個窮小夥結婚。當然，窮小夥肯定要人才有人才，於其家族有幫助」。

我立馬想到我曾經的一個初中同學，寒門弟子嫁入豪門，後因變故，離奇溺亡。不過，表哥說，「這些窮小夥其實更可靠。因為對他們來說，靠婚姻改變了命運──錢是一輩子用不完了」。

這樣看來，樂活的形式有了一些新的變化。如果我們每天坐在書齋時，永遠都想像不到這些。一如我們的故鄉，看起來就像異鄉。

2018.02.01-02.13寫於重慶、北京

變與不變

——細節裡的臺灣

「怎麼沒有墾丁街車了？」

2017年3月24日下午六點多，距離我在恒春大光裡下車已經半個多小時了，依然沒見一個車影。我不過是下午5點30分走下街車去品嘗朋友推薦的阿興生魚片，司機好心地停在最靠近的點讓我下車，還告我說5點45分會有下一班車，站點要回走。

於是，我單點了生魚片，沾芥茉再加醬油，新台幣100元就可享受15片新鮮的食材。不過，我速戰速決後，在站點一直等到心裡發毛（快近黃昏了），也沒等到街車。

路邊一戶人家的大門開著，廳內供著一個佛。其主人——一個看似七旬的老太見我等車，友善地拿出一張凳子讓我坐。稍晚，我問旁人為何沒有街車到墾丁了，對方往旁邊一指，告我，「他一會兒也到。他帶你過去」。

這個「他」，大約近五十歲，穿著制服，啟動了機車，遞給我一個頭盔，開始急駛。這是我在臺灣唯一一次坐機車的經歷。速度一如臺灣機車少年的激情，讓坐在狹窄後座的我心裡發毛。

這個中年男子，我以為他是警察局的員警。二十分鐘後，機車到了墾丁大街一家大飯店門口，他說到換班時間了，其身分是保安。

茉莉二手書店臺大店。透明幾淨的玻璃上，是顧城的詩歌《熔點》。

我遞了一張名片給他，感謝他的幫助，希望到北京後聯繫我。

溫良恭儉讓

　　這位保安大哥（叔）不過是臺灣人一個縮影罷了。當你在臺灣大地上行腳，會遇到無數這樣的人。「臺灣最美的風景是人」當然不是虛的。

　　還記得今年三月的一天傍晚，因下大雨，我和一個老師從捷

運公館打的（「小黃」）回政治大學。師傅說可選高速路，問多多少錢，回說多不了多少，在臺灣高速路20公里以上才收費，我們不到那個數，而且這樣走更快。他當時報了一個數字，是新台幣250元。

不料在車上聊起了他的人生：在木柵生長了幾十年，年輕時開計程車掙了很多錢吃喝玩用了又離婚了現有37、8歲的女兒不嫁人一向她提還會滿臉不高興只好隨她。雖然他是土著，聊天中他居然開車錯了兩次，該出的口沒出，一直開到了新店，只好又折回來。末了，到站後錶盤上顯示500元。不過，他手一揮，「說好的，250元」。

同樣是打車，還有一個故事。3月23日我坐火車到高雄站，準備住一天再到恒春。第二天一早，我回到火車站想搭大巴，旁邊一人說正好有「小黃」（的士）去墾丁，新台幣360元，有幾位客人在吃早餐馬上就會出發。應允後，我一上車等，十分鐘後一對青年男女上車出發。不過這兩人是坐到東港，而東港到恒春還有一小時車程，所以後半程僅剩我一個乘客。

在車上，我問這個比我小兩歲的單身男：「現在陸客少了，是否收入少了很多？」不料，他的回答很淡定，「今天拉你們三個人這一趟，也就夠個油錢。不過，下午四點我要到墾丁接四個人回高雄，有1000多台幣」。在他看來，自己是持證運營的個體出租，「壓力沒有企業公司那麼大。每天有活兒拉就很好，多掙少掙無所謂的」。沿途交流都很愉快，你聽不到抱怨，當然更聽不到罵人的口頭禪。

雖然臺灣人對收入少（工薪階層二十年沒漲薪資；大學畢

業生月平均工資是新台幣22K，按4.3的匯率，不過是人民幣5100
元。）、過勞、房價高怨聲載道，但總體上心態卻是平和、從
容的。

這讓我想起2007年5月首次到臺灣，雲門舞集邀請我們大陸
記者一行訪問。給我印象最深刻的是兩處排練場地：

一是在淡水邊的雲門五裡排練場，在鄉下用鐵皮搭建，舞者
們除演出外，都從市區至該地練習，而且舞者的重要訓練是寫毛
筆字。（補注：該場地一年後被燒毀。由於排練場是違章建築，
林懷民代表雲門向全社會鄭重道歉。）；

二是優人神鼓在木柵老泉山上的排練場。車只能開到半山
腰，然後走山路上去，樹叢中的一片平地就是場地。團體成員
沒有演出的話，就得四方趕來此地訓練。在山上，能看到101大
樓，如一雞蛋高。

雖然十年了，我永遠忘不了那些舞者和擊鼓者的溫和淡定與
執著。這種回憶與我幾年後的一些經歷交相輝映：

2010年，我通過電郵發了我的博士論文到秀威資訊公司，這
是一間按需出版公司（POD）。臺灣出版自由，書號並不是稀缺
資源，所以對方覺得論文內容尚可，免費出版，除了給五十本樣
書外，賣到一兩百本外還可付給版稅。

書稿校對幾遍快定稿時，我突然想起2007年在臺北金石堂書
店買過一本何清漣寫的《霧鎖中國》，其腰封上赫然有臺灣幾所
大學研究新聞傳播學的教授名字，或可請他們寫序推薦。雖然與
他們素昧平生，我斗膽把書稿全文和請求發到他們的電郵（通過
網路查詢而知），最終政治大學傳播學院的馮建三教授回信並寫

了推薦序。

2016年，我申請政治大學國際關係中心「兩岸學人蹲點研究計畫」時，冒然又去信給馮老師。他又應允為我寫推薦信，而且篇幅挺長。當年11月，我的研究計畫成行，在政治大學新聞館三樓，才首次得以在馮老師的辦公室謀面，並喝他泡的茶。他還熱情地邀請參加他們每週五的校園爬山健行活動。

如果你有心，去瀏覽馮建三老師的個人網站（網址：www3.nccu.edu.tw），你最應發現的是他的勤奮：筆耕不輟，包括專著、譯著、長篇論文、報紙短文，不一而足且不斷在更新。不過，一見面才知道，雖然他回覆郵件很快，但生於1959年的他根本就沒有手機！這聽起來確實像天方夜譚。

與馮老師不同，政治大學國際關係中心的陳德昇教授更忙一些。因為他操持中國區域經濟發展暨治理論壇，又在共同市場基金會任職，還要組織兩岸大學生學術夏令營，而中心的課還要上，所以日程總是很滿。但是每有學人，無論是一個，還是多個人，他都會做東餐敘，而且往往是接風、送行都會安排。期間還會在學人住所一起做餐。

2016年11月，我已到政治大學開始一個月的蹲點研究計畫（住宿由國關中心免費提供），但因職稱評定事宜只待了十天就飛回北京。當時試探地向陳老師申請來年重續研究計畫，他一點也沒遲疑就答應了。

其實，熱心、為他人著想，不過是發達國家（地區）社會的一個重要表徵。But，因為臺灣與中國大陸是同一語言和文化環境，反倒讓我們驚奇些。

還記得2016年11月，我在政治大學附近的學人宿舍住，路經一家名為「古樂齋」的店面。我以為是賣樂器的，於是逕自敲門進去。結果它是一個音樂、書法教學場所。主人是張姓五旬老太，熱情與我聊天，說她是1987年公派留洋者之一，在意大利羅馬學習西洋歌劇，回臺後在一所大學教書，十多年前在此地落腳。

　　店面是租的，內中物件繁雜，主打是鋼琴、書籍、CD和書畫作品。她自述2003年曾到大陸，租車到處跑，曾到西安碑林，買了不少拓片，有佛像，也有書法，現今都裝框掛在她的門面裡。

　　我只不過是路人甲乙丙丁之一而已，並沒有打算交費向她學藝。不過倒是互留了名片。此後數日路過，總未見門開，於是致電問個明白，回說前幾天腳傷了，或可翌日同去政治大學爬爬山。

　　第二天我們一起爬了一段山，開始下小雨，一起走到鄰近的木柵市場。她買了一些菜。我以為她是拿回家自己做，不料卻是在店面裡做飯，而且堅定地說，「我來做，一起吃」。

　　吃完這頓莫名的飯，我就在想：或許，理想的城市就是不設防的城市。在大街上，你很容易進入一個陌生人的內心。

與人為善的制度設計

一則臺北城市宣傳片裡這樣說道：

「你說這裡大不易，我卻漸漸感受到公平與正義」。

看起來，「溫良恭儉讓」作為良善國民的表徵，與公平、正

義沒有關係。但實際上，沒有這樣的社會大環境，是難以產生好國民的。

今年三月，我和一老師從臺北出發，到嘉義住一晚，然後到阿裏山一遊。我提前通過電話預定了一間賓館，只不過沒有付定金。到了嘉義後，我們看了好幾家賓館，都覺得太老了，價格也不低。其後到預定的賓館，亦不滿意，又再尋他處。

在這一過程中，這些賓館的接待人員全都和和氣氣的，沒有不悅的臉色。值得一提的是，在嘉義火車站出站了，我拿了兩張一間賓館的優惠廣告單，每張值新台幣399元。我們去的最後一家就是這家2014年開業的桔子商旅酒店。前臺特別熱情，說房價是新台幣798元一晚，用優惠券後為新台幣399元。

在退房時，向前臺說，可否給一些優惠券，以後有朋友可住該店。對方很客氣，立馬用信封裝了五張券送給我。其實他完全可以不這樣做的。只是，誠信與友善是服務的應然。

彷彿龍應臺曾經說過一句話，大意是看一個社會的文明程度，就看它對弱勢群體的關照態度。

確實，你在臺灣很容易發現關照弱勢群體的設計。比如公交、捷運裡的博愛座。一如2014年我在柏林搭公車時看到的那樣，在臺北，坐輪椅的上下公交，司機都會拉出鐵板搭橋，推送乘客上下車。

在政治大學，宿舍、辦公樓和圖書館都有無障礙通行路道。在墾丁的貓鼻頭公園，專門修建很長的無障礙通道。而我居住的木柵新光路南苑，就連電梯都有無障礙設計：按鍵有兩套，一套低一些；而在按鍵上居然都有盲文！

如果你稍稍留心，就會發現，在公車右前方，會有一個幾平米的平臺，供乘客放置行李。而且還有充電的插座，方便那些手機用戶的需要。還有一種急人之需的設計：在公交上，拉環邊總會有一兩個口哨，是為那些被性騷擾者設計的。

　　想想看，弱勢與強勢，不過是相對而言。一個權傾一時的帝王，號令天下，威風不已，但一旦病入膏肓，則可憐至極。在公交這一密閉空間裡，千人迷萬人愛的女子們往往很弱勢。那些口哨，作為一種震懾型的制度設計，或許未曾使用過，卻成為她們有形的護身符。

　　2017年3月，79歲的臺灣作家瓊瑤在她的Facebook帳號上貼了長文，名為《寫給兒子和兒媳的一封公開信　預約自己的美好告別》，內容其實就是生前遺囑：

1. 不論我生了什麼重病，不動大手術，讓我死得快最重要！
2. 不能把我送進「加護病房」。
3. 不論什麼情況下，絕對不能插「鼻胃管」！我不要那樣活著！
4. 不論什麼情況，不能在我身上插入各種維生的管子（如尿管、呼吸管等）。
5. 最後的「急救措施」，氣切、電擊、葉克膜……這些，全部不要。

　　五個要點，不過是要達到她的理想：「幫助我沒有痛苦的死去，比千方百計讓我痛苦的活著，意義重大」。

　　瓊瑤此舉其實是受人啟發。因為她在《今週刊》上看到了刊載的《預約自己的美好告別》，而且沈富雄（醫生、政治人物）、葉金川（曾任臺北市副市長、台灣「衛生署長」）已經公開了相關告白。

　　這些舉動的重要觸因是臺灣《病人自主權利法》將於2019年1月6日開始實施。高雄大學張麗卿教授曾撰文指出，「它是亞洲第一部以病人醫療自主權利為規範核心的法律」。該法有兩個要點，一是醫師告知義務的對象，回歸病人本身，而不是家屬；二是「特定病人」有權拒絕醫療，免除難堪的折磨，預約善終，求得好死。

　　生死問題一直是中國人，尤其是漢人特別看重的事情。對大多數漢人來說，並不相信來世，只願把握當下，因此信奉「好死不如賴活著」。近百年來，中國苟活者眾，「命如草芥」成常態，但仍會對生有執念。

　　因此，活著是第一位的，哪管品質如何？只不過，經濟發展到一定程度，社會也在進步，才會有柏楊這樣的雜文家站出來，受他人啟發開始棒喝《醜陋的中國人》（1985年），高呼《我們要活得有尊嚴》（2003）。有意思的插曲是，1999年，柏楊應香

港《明報月刊》之約，開設專欄；2002年7月，該雜誌將專欄文章結集出版，命名為《中國人活得好沒有尊嚴》。12月，臺灣遠流出版公司重新命名為《我們要活得有尊嚴》出版。

　　一個「要」字不過是願景，說明現實與之還有很大差距。這需要個體、群體的努力，更重要的是制度設計。如同一些發達國家已經認可安樂死，後進國家和地區理應多思量如何順應時代的進步。

　　有時候和臺灣人聊天，我會故意說，「說你們怎麼怎麼好，可是你去看《蘋果日報》，天天打打殺殺的，什麼壞人都有」。對方往往淡然一笑，「我們都不看的」。這其實涉及到認知框架和新聞操作。我們不能以點帶面，也不能以偏概全，但反過來說，我們也要注重傳媒反映現實與形塑人思想的能力。

　　在臺灣，來自中國大陸的你打開電視機，會驚訝地發現，居然有那麼多宣導宗教教義的頻道：有法師講佛法，也有牧師講聖經；有大寶法王開示，也有年輕尼姑教英語……

而在臺灣各城市的大街上，你很容易就會發現，不少小店鋪的門上，路邊電線杆上，有不少勸人為善的偈語或好建議。它們實際上是流動的教材。

文創即講故事

在臺灣看過一些風景後，不少大陸人都會感慨：「臺灣這些風景不過如此，比大陸差遠了」。

這個結論無比正確：臺灣總面積約3.6萬平方公里，相當於浙江的1/3，山東的1/5，新疆的1/45……只不過，有的臺版地圖把臺灣島印得超大，極易讓人產生錯覺。

當然，地盤大也不一定就有好風景，但地盤小，風景就很難呈現多樣性。反之，有好風景未必就會有人知，風景一般若推廣得力，依然成為名風景。

回到正題，臺灣雖小，可身在大陸的人，無論是七老八十，還是一二十歲的，甚至孩童，有幾人不知道阿里山、日月潭、外婆的澎湖灣？有幾人沒聽說過羅大佑、費玉清、費翔、周傑倫、鄧麗君、蔡琴、瓊瑤等？

當然了，景是死的，人是活的，而活人可以把風景吹活。所以，我們走在臺北的忠孝東路，立馬就會想起童安格唱的「走在忠孝東路，閃躲在人群中」；在陽明山（原名草山）步道，你總會想起王陽明的心學；在恆春，你會回想《海角七號》中的種種場景；在九份，陳綺貞的那首《九份的咖啡館》會在耳邊回響：

「這裡的景色像你，變幻莫測。這樣的午後，我坐在九份的馬路邊……」

文創（文化創意簡稱）實際上就是一種講故事的方法。而它滲透在臺灣的每個毛細血管中。

2017年3月，我到臺灣「總統府」免費參觀。導覽先生第一講解的就是這個「府」字。

通過拆字法，「廣」是象徵「總統府」的運作，而「付」是託付，即人民把權力託付給「總統府」。其英文詮釋「Power to the people」即彰顯了民主精神。

如果你去查《說文解字》，「府」字的解釋是「文書藏也」。講解員顯然是把這個字新解了。不過，這種自圓其說的拆解的確呼應了新時代，也教人印象深刻。

「總統府」裡還有多幅漫畫，邀請了多位漫畫家畫出他們心

目中的政府形象。其中一幅是蔡英文在辦公，她養的一只貓睜大著雙眼。通過這種軟的方式，呈現了執政者溫情一面。

你還可以在「總統府」內的郵局買到2016年4月發行的蔡英文、陳建仁就職正、副「總統」紀念郵票，不過是漫畫版。在府內的商店裡，你會發現彷彿沒有什麼不能成為商品的。你想到的成為了商品，你沒想到的，也成了商品。比如，陳秀喜寫的詩歌《臺灣》，就印在小小的桌墊上了。

如果你到臺北故宮博物院，同樣會驚歎於臺灣人的腦洞不是一般地大：郎世寧的畫成了滑鼠墊、翠玉白菜成了傘、東坡肉形石成了手機鏈，當然最絕的是「朕知道了」（康熙的御筆）成了紙膠帶。

政治人物也可以文創：在士林官邸，蔣介石、宋美齡都成了公仔，在商店外還是大大的熊公仔。甚至包子，也有中正包和美齡包。

南到高雄，文創的魅力處處顯現：

作品的唯一性，也能感知道它們的溫度。

　　想起2016年11月的一天，我在九份的所見。在半山腰的商街幽靜處有一間陶器店，有不少燒制的動物出售。其中的小貓，個個不同。我和女老闆聊了聊，說她父親以前就是做這一行，有一個專門的廠在燒制，「這些貓都是我自己捏的。我以前也不是學藝術的，只是家裡做這一行，就幫忙做做」。

　　我去的當天，她正在打包，往北京快遞一些陶器。她告訴我說，大陸一些店看了產品，很感興趣，想大批量採購，但產量有限，根本沒法滿足他們的要求。這在逐利的工業化時代，確實令人感慨。

多元文化雜揉體

臺灣成為現在的樣子，當然不是一時的結果，而是歷史與現實的交織與顯影。在我看來，它是中國傳統文化、日本現代文明和美國式民主的雜揉體。

我在九份時，遇到一個臺灣導遊。他告訴我，「老蔣對臺灣有兩大貢獻，一是帶來了中國傳統文化，二是帶來了故宮」。

作家江南也曾提到過，「蔣先生的兩只腳一腳雖踩在革命的大道上，但對革命的認識，卻是模糊不清的。'革命'就是狹義打天下做皇帝的新名詞。另一腳停在封建殘餘的陋巷裡，以為孔孟思想，將永遠是中國文化思想的主流。儘管，他自己到過日本，喝了東洋墨水……他還止步在明清儒學和舊禮教的境界裡，沖不出去，甚至從未嘗試」[1]。

我總共到臺灣三次。第一次是2007年，當時住的賓館附近有一所小學。我路過時，大門開著，孔子的塑像高高地立著。而這在中國大陸已經極少見了。

2016年11月，我第二次到臺灣，在政治大學訪學。蔣介石是這所學校的首任校長，因此圖書館叫中正圖書館。館內有他的塑像，也有他給政治學校（政大前身）畢業生的長篇寄語；半山上還有他的銅像。但政大最出名的樓卻是四維堂。廳內懸掛有蔣介

---

[1] 江南：《蔣介石傳》，北京：中國友誼出版公司，1984年版，P16

石手書的「禮義廉恥」木匾，它取典於《管子》「禮義廉恥，國之四維」，成為政大的校訓。

　　不過，江南對蔣介石的守舊持批評態度[2]：「蔣先生中了舊思想的毒，一生迷信四維八德的大道理是改造中國的萬靈符，甚至被趕出了大陸，在臺灣偏安，還在大喊文化復興，強迫高中學生讀《論語》、《孟子》，還規定每年要祭孔。孔子的後代，可以坐在家裡打著麻將領高俸」。

　　這種以私己之愛強加於人的作法大可指責，不過結果也並不見得全是壞的。作家王朔就曾提到，「我接觸的臺灣文化人，他們對中國文化的認真甚至在我看來都有些迂闊，那種方樸誠懇在大陸也是少見的，人好在骨子裡，不但可以一起做事也能玩到一起去」。[3]

　　說到傳統，在臺灣轉悠，你最容易發現的是寺廟和宮。臺北的龍山寺不說了，香火總是紅火。當然，蜚聲中外的還有法鼓山、佛光山。

[2]　江南：《蔣介石傳》，北京：中國友誼出版公司，1984年版，P17
[3]　王朔：《無知者無畏》，春風文藝出版社2000年版，P6

我特別留心的是鑲嵌在城市社區中的那些宮。它們實在是太多了。2017年3月的一個傍晚，我在嘉義穿街走巷時，正好碰到廣寧宮大聚會，是慶祝三山國王聖誕的（三山國王發源於廣東粵東，起源於隋朝。）。在一條巷子裡大約擺二三十桌，在這巷子的一頭，還搭建了現代的電光舞臺，有美女主持，亦有抽獎活動，獎品有自行車等。當地的議員現場講話、抽獎。我問一個正就餐的大姐，這活動的錢是從哪里來的？她回答說，「我們自己出的啊，每人新台幣400元。包括吃喝、抽獎」。

　　一天後的晚上，我在高雄捷運五塊厝站附近，發現同樣有一個供奉三山國王的宮，旁邊搭了一個戲臺，正在演出歌仔戲。因是最後一天，觀眾雖然也就十來人，但演員們演出卻很認真。問一個看戲的老哥，說是三山國王聖誕，大家出錢請的戲團。他說，在生活中，市民有紅白喜事，往往都會到宮裡拜一拜。所以你也會看到，無論哪個宮（奉天宮、天後宮等），總是香火旺盛，貢品多多。而一些政要，往往也會題詞，比如龍山寺，就有李登輝題的「澤厚民豐」牌匾；而陳水扁也為嘉義文化路附近的一個宮題過字。

　　到臺灣，確實感覺這宮那宮的很多（在高雄旗津島上也有規模宏大的宮）。反觀中國大陸，實際是漢人居住的地區寺廟太少。我們以北京為例來看看。一個老外在一本書裡寫到[4]：

　　一九一一年，即清朝皇帝退位的那一年，北京有一千多間

4　Ian Johnson：《法輪功和苛稅、胡同：底層中國的緩慢革命》，吳美真譯，八旗文化2012年版，P117-119

廟宇（佛寺、道觀、孔廟等），還有幾間清真寺，這尚不包括並未納入官方統計的無數小神龕。幾乎每一條街都有一間寺廟。而今日，儘管當局做了一些令人刮目相看的重建工作，但北京大約有一千兩百萬人口，現在卻只有二十間能夠發揮功能的寺廟。

　　如果細究原因，是因為臺灣沒有「破四舊」，也沒文化大革命，更重要的是沒有「無神論」教育（蔣介石和宋美齡是基督教徒）。因此，這些儒釋道的場所得以保存下來，成為人們生活中的一部分。我甚至問過臺灣一個年輕女子，「如果你信奉佛教，而你的男友不信，會成嗎？」她的回答是，「我們在一起的前提是，要有共同的信仰」。

1895年的《馬關條約》簽訂，臺灣成為日本的殖民地，直到1945年二戰日本投降。日據五十年，按一個臺灣司機的解讀，「當時日本想把臺灣當作一個永久的殖民地，因此搞了不少建設」。

所以我們在遊覽阿裡山時，當然會痛罵日本人百年前修鐵路偷紅檜樹（因不易腐爛，被譽為「神木」）去建他們的皇宮、寺廟；在九份，我們也會痛罵小日本把臺灣的金礦偷採了去。可是，我們別忘了，臺灣「總統府」還是日據時代建的，日本建的鐵路不少還可以用。位於剝皮寮歷史街區的臺北鄉土教育中心的志工老人會告訴你，臺灣第一所學校是日本人建的。當下，因為傳說宮崎駿有的作品場景來自九份，於是九份的遊客中，日本人真不少，對旅遊經濟有所拉動。

一個臺灣人在知乎上說：日本對臺灣的影響在很多方面都有，包括衣食住行，包括待人處世方面等。相關研究顯示，日本對臺灣的正向表現有：農業的現代化改造；要求每一個兒童都有六年的基礎教育；設立衛生員警，專職監督人民，在日常生活中，注意公共衛生；推行現代醫療制度；施行法治（一個臺灣導遊介紹說，日據時期，夜不閉戶）。

到臺灣，的確你會明顯感受到服務的熱情。2007年，我到鼎泰豐吃小籠包時，對服務員上餐慢了不停講「不好意思，不好意思」印象深刻。後兩次到臺灣，我到過無數餐館吃飯，整潔是它們共有的特徵。

當然，最讓我印象深刻的是臺灣的廁所，一改人們心目中華人生活圈「髒亂差」的刻板印象。我常對人說，臺灣廁所（多名

之「化粧室」）的地板可以睡覺。此外，在臺灣廁所標配是洗手液、衛生紙，不少還有換氣扇，基本比肩大陸機場的衛生間，所以在臺灣上廁所，少了擔心，也很舒心。

在臺灣的大街上，基本看不到垃圾。和日本一樣，臺灣的大街上基本也找不到垃圾桶。一般垃圾桶只在超市裡才有，也不會容納大多東西。於是，一般垃圾就需要自己帶回家進行分類處理。每天晚上固定的時間點，垃圾車就會和著歡快的音樂出現在固定的地點，周邊的居民紛紛拎著垃圾袋出門迎上前。

裝垃圾也是有講究的。以臺北為例，除瓶子等可回收的外，其他垃圾必需要裝在「臺北市專用垃圾袋」裡，不然回收車不接受。這種袋在超市裡有賣，分3公升、5公升等幾個規格。小小垃圾袋居然專門貼了明顯的防偽標誌。

垃圾袋上印著「垃圾少一點，資源多更多」，並有下列說明：

> 八十九年（2000）七月一日起，臺北市市民清運「一般垃圾」必須使用本「專用垃圾袋」，否則清潔隊將拒收……

在臺灣，最具日本特色的應該是7-11超市了。資料顯示，2005年，它由美國公司變身日本公司，在臺灣有3000多家店（2018年或有一萬家店）。不只是阿里山有，就連鄉村也有，離島也不在話下，比如在澎湖縣的馬公市就有19家。因此，用「無孔不入」來形容一點也不為過。

最恐怖的是7-11的口號是「Always open」，也就是說24小時營業。同樣恐怖的其品類多，有吃有喝。一個臺灣人就向我抱

怨，「7-11不利於家庭生活，很多人大晚上不待在家，還出來消費」。此說當然有些誇張了。

不過，在我看來，7-11對臺灣最大的貢獻是實現了城鄉服務的均等化。也就是說，無論你是在鄉村，還是在城市，你可以買到一樣的生活用品，而且最重要的是，24小時服務改變了很多人的生活方式。

除中國傳統文化和日本文化的影響外，對臺灣來說，美國式民主的影響亦十分深遠。

其中，「總統」選舉最為典型。1945年，國民黨光復臺灣後，實際上一直處於強人統治的威權時代，包括總統也是世襲的（從老蔣到小蔣）。直到1986年，由於黨外抗爭，蔣經國開始懷柔政策。陶涵在《蔣經國傳》一書中曾這樣記述民進黨的成立[5]：

> 鑒於北京和莫斯科的民主運動急遽進展，使得他們（本省籍的黨外領袖）相信國民黨此時此刻一定非常不願意讓人看到他們在島內壓制反對派人物。1986年9月28日，135個反對派人物在臺北市圓山大飯店集會，黨外領袖突然提議即日起建立新黨，取名為民主進步黨，與會代表興奮地一致通過，民進黨黨綱主張臺灣人民有「自決權」。

副官跑進蔣經國臥室報告，他點點頭，沒有回應。過了半

愛這個世界　雖然它不夠完美

5　陶涵：《蔣經國傳》，北京：新華出版社2000年版，P437

小時才交代副官通知幾位核心高級官員到官邸開會。黨政
要員迅速趕到七海新村接待室。蔣經國坐在輪椅上出現，
開口就說：「時代在變，環境在變，潮流也在變」。

1987年8月23日，臺灣「立法院」通過新的「國家安全法」，
在臺灣實施了38年的戒嚴令宣告取消。1988年1月1日，開放報禁
和黨禁。臺灣正是在抗爭中推動了和平轉型：從威權到民主。
　　1996年，李登輝在國民黨一黨獨大下成為首任民選「總
統」；2000年，陳水扁成為第一位直選「總統」。2008年，馬英
九當選。2016年「總統」選舉，採用了普通、直接、平等、無記
名、單記、相對多數投票制度，蔡英文成為首位女「總統」。

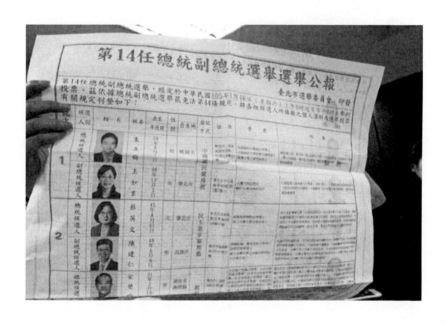

看起來，一人一票彰顯了民主。不過我遇到的好幾個臺灣人說，根本就沒去投票，因為候選人都不是自己的菜。也有的說，選誰都一個樣。還有學者感慨，雖然民主，卻選不出最好的人。

其實你看臺灣的「總統」，皆是精英，而且除陳水扁畢業於臺灣大學法律系外，其他都是海歸：李登輝從臺大農業經濟系畢業工作後又拿到美國依阿華大學農業經濟碩士；馬英九從臺大法律系畢業後赴美留學獲得哈佛大學法學博士；蔡英文則是臺大法學學士、美國康乃爾大學法學碩士和倫敦政經學院法學博士。

四人都是臺大校友。除李登輝外，其他三人的專業背景都是法學。且只不過，家庭背景不盡相同，有農民子弟（陳），官員之子（李、馬），也有商人之女（蔡）。

但是吊詭的是，自李登輝後的「總統」都經過法治精神的專業薰陶，居然有的會發生貪腐（陳），而最大的問題是政治爭鬥壓倒法治。

比如馬英九當政期間法辦陳水扁，有理有據，被民進黨認為是黨同伐異。於是，蔡英文上臺後，馬英九被控教唆洩密，臺北地檢署起訴，臺北地方法院2017年3月28日一審宣判無罪。雖然最終定論有待時間，但小題大作，浪費公共資源卻是板上釘釘。有「不粘鍋」美譽的「便當總統」馬英九堅稱這是職務行為，並質問「公道何在？」[6]，確實值得我們思考何為憲政。

這都不算，民進黨政府清算國民黨黨產（不當黨產條例）還算結果正義，但2016年4月開始審查的《促進轉型正義條例》草

愛這個世界 雖然它不夠完美

---

[6] 補記：臺北地檢署因全案已經臺「高院」判決馬英九無罪確定，2018年5月31日決定不起訴。

案就有大問題。2017年，蔡英文在「二二八」紀念日當天，宣佈要加強該條例的「立法」。

按之前的草案，行政院下設置任務型獨立機關「促進轉型正義委員會」，兩年內推動「開放政治檔案」、「清除威權象徵、保存不義遺址」、「平復司法不法、還原歷史真相並促進社會和解」、「處理不當黨產」和「其他轉型正義事項」等5大任務。促轉會並有行政調查、資料及證物保全之權責，行政機關有協助調查義務，且被調查者有配合義務。

草案規定，威權統治時期指自民國1945年8月15日起，至1991年4月30日止時期。接受調查有關人員，應據所知如實完全陳述，並提供相關資料，不得隱匿或虛偽陳述。毀棄、損壞或隱匿由政府各級機關、政黨、附隨組織及行政院所屬2‧28事件紀念基金會所保管政治檔案，或令其不堪用者，處5年以下有期徒刑。

2017年12月27日，《促進轉型正義條例》正式公佈並施行。它看起來要追求結果正義，比如「清除威權象徵、保存不義遺址」，可在實施中實際變成了「去蔣化」。陳水扁第二任期內其實就在做了，比如2007年把中正紀念堂改為「臺灣民主紀念館」，將「大中至正」改為「自由廣場」。蔡英文上臺後，發生多起拆、毀蔣介石銅像的事件。甚至有委員提議把中正紀念堂的蔣介石銅像遷移到慈湖（蔣的靈柩置放地），有關蔣介石的文創產品也要下櫃。

不過，搞笑的是，現在兩蔣文創產品實際是在陳水扁執政時期文建會鼓勵的，就連蔣公公仔設計師吳松洲都看不下去了，「同樣是民進黨政府，為何自己人打自己人臉？」

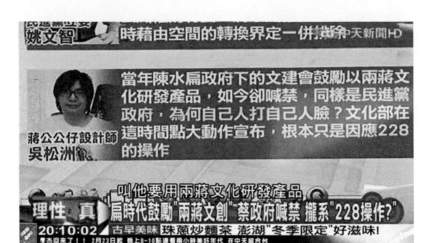

事實上，審讀《促進轉型正義條例》在程式上亦有問題，因為「立法院」「立法委員」中民進黨占六成席位（全部113席中，占68席，國民黨35席），所以基本上想通過什麼法案就能通過。「一黨獨大」確實是民主政治的一個問題。

看起來，民進黨贏家通吃，但好在時代變了，總還有言論自由在。比如有臺媒質問，《促進轉型正義條例》為何不從日據時代算起？看坊間認為偏綠的《自由時報》，並不缺少對蔡英文政府的批評。電視裡，也不乏批評其執政能力的談話節目。

一個司機曾對我說：「雖然誰當政都差不多，但我可罵這個那個，總不會擔心今天、明天被抓了」。

的確，臺灣的民主雖然是留洋精英們在建構與推動，總會有水土不服的現象。就連其效法的對象——美國，民主都踐行了上百年，仍有種種問題。寫過《歷史的終結》的福山，曾奉現行資

本主義民主制度為圭臬，2017年4月到臺灣也開始講「民主的崩壞」了。

　　臺灣當然更複雜。看過《想像的共同體：民族主義的起源與傳佈》中譯本的人，大抵和我一樣，都因該書的譯後記對譯者吳叡人印象深刻（有心人可尋找許知遠所寫《反抗者》一書，或在網路上搜尋其專書吳叡人一節）。現為中研院臺灣史研究所副研究員的他前年出版了《思想的受困：臺灣重返世界》一書。

　　該書腰封上寫著「臺灣往何處去？——在世界的知識地圖上為臺灣辯護」。他對多元化的臺灣人（本省人、外省人和原住民）實現「相互解放」提出了下列觀點[7]：

> 臺灣不是非中國、非日本、非漢族，或者非西方；臺灣就
> 是臺灣。我們必須解構多重的殖民中心與其製造的虛假對
> 立，讓臺灣可以同時是（自然的）原住民族、（文明的）
> 中國、（和平的）日本、（友愛的）漢族，以及（民主自
> 由的）西方——讓臺灣可以是這一切普世價值的進步的人
> 道主義價值的總和。

　　確實，臺灣要實現上述目標還有很長的道路要走。黨派貼標籤式惡鬥、黑金政治、族群分裂、「五權分立」（立法、行政、司法、監察、考試）懸置和媒體亂象等問題都需要解決。

7　吳叡人：《思想的受困：臺灣重返世界》，衛城2016年版，P22-23

2017年3月14日，臺灣國會頻道對行政院施政報告進行質詢。

　　可是想想看，一個小島，從解嚴以來也不到30年的時間，實現了和平轉型，嘗試在多種文化的雜揉尋找一條符合在地情況的路，確實不是容易的事。

　　一直記得，高雄香蕉碼頭有一家琥珀店。店長也就是一個三十歲左右的年輕女子，桌上有一本相冊。到店與她合過影的人有：馬英九、吳敦義、呂秀蓮、謝長廷、陳菊……

　　一聽我是中國大陸去的，這女子對我一個人自由行感到驚訝。最重要的是，她稱許大陸：「我很喜歡你們的領導人——習近平，我覺得他很有魄力，大力反腐。你們發展很快……」

20170410-17寫於北京，2018年9月修訂

藏行筆記

（坐火車進藏2015.08.21-08.30；自駕進藏2016.07.05-07.25；乘飛機進藏2017.07.17-07.22）

　　一輩子至少應該去一次西藏。
　　這些年才覺得，常處於單一文化環境的人，
　　特別容易褊狹與妄斷。

——題記

在拉薩

在拉薩
實際上我一個人都不認識
在一本《自傳》裡認識的一個喇嘛
流亡中尋找自在

拉薩河在，無王的宮殿聳立
在佛教的星輝裡
我不過是搭船的閒人
一任誦經聲充盈腦海

藍天依舊，雲水照流
雪水浸潤著高高的土地
長風吹動遍野的風馬旗
一群犛牛走過另一群犛牛的道路

在拉薩
生命不過是轉經筒
從無到有　從有到無
任鷹鷲把你分化至無形
任遊動的魚兒駝載你的魂靈

在拉薩

我真的一個人都不認識

在朝拜不息的道路上

我不過在嘗試重新認識自己

2015.8.21到拉薩第二日，仙足島

歷史上的西藏[1]

1. 1959年，西藏人主要集中在中部，大多是奴隸（農奴）。
   95%的土地被三大集團佔有：
   A. 個別家族（不到200個的家庭，有10000個貴族）；
   B. 寺廟人員（12萬個喇嘛和13000個尼姑）；
   C. 政府人員（333個喇嘛和280個貴族）
2. 1959年，西藏有12萬個喇嘛，相當於全藏四分之一的男性。

---

[1] 來源：Fred Ward,In Long-Forbidden Tibet,National Geographic, February 1980, Vol.157, No.2

愛這個世界 雖然它不夠完美

禁欲的宗教律令導致這些喇嘛不能成婚。

另一方面，多妻制在貴族和商人中盛行。而在地主、商人中，兄弟們共用一個妻子，以保持財產完整。一妻多夫甚至在擁有少量財產的農民中也常見。

3. 從1950年起到1980年初，總計不到400個老外到過西藏。他們經中國邀請，還要在北京經過心肺測試後才得以成行。

一種說法[2]

> 「我開始非常熱衷於和中華人民共和國配合的可能性；越讀馬克思主義，就越喜歡。這是建立在每個人平等、公正基礎上的系統，它是世上一切病態的萬靈丹。就理論上來說，它唯一的缺點是以純然物化的觀點來看人類的生存。這種觀點我無法同意，我也關心中共在追求他們的理想時所用的手段，我覺得非常僵化。雖然如此，我還是表達了入黨的意願。我確信，至目前仍確信，若能綜合佛法和純粹的馬克思主義，真的可以證明那是一種有效的施政方式」。

——14世達賴喇嘛

---

[2]　來源：林照真：《最後的達賴喇嘛》，時報文化2000年版，P104

一、進出西藏

（一）線路

1.遊西藏有兩種較佳路線：

一是到拉薩（坐飛機、火車或自駕），逛布達拉宮、大昭寺、羅布林卡、八廓街、西藏博物館，每天下午三點可到色拉寺看表演性辯經。

然後去納木措、羊卓雍措（羊湖）。再往西去日喀則、江孜、珠峰大本營、阿裡地區。然後再回到拉薩（或直接）到山南地區，再到林芝遊雅魯藏布大峽穀、卡定溝和南伊溝等。

最後從林芝飛出西藏（到成都、重慶），亦可坐汽車駛離西藏。

第二種路線恰恰相反，先飛或開車到林芝（從成都出發可坐長途巴士），玩完周邊再北上拉薩再向西，回拉薩後坐汽車、火車、飛機離開西藏。從自駕來說，318川藏線號稱中國的景觀大道，有挑戰性。

前者是從較高海拔直接到高海拔，最後到低海拔；後者則相反，海拔從低到高。絕大多數的人都選擇了第一種路線（或因有青藏鐵路坐火車方便，而拉薩貢嘎機場航班也多）。實際上，對初次去西藏，或對身體不夠自信的人來說，第二種路線才是最佳路線。

川藏線上，易貢藏布江上的通麥新舊橋，折射道路之險。通麥路段曾是川藏線最險的路，號稱「通麥墳場」、「通麥天險」，河上的大橋曾被多次沖毀，造成人員傷亡。

　　如果要省錢省力省事（尤其是中老年人），從北京出發報團旅遊，九日遊大約2500元，十二日遊3000元。另加自費1000元左右。往返都是火車，硬臥票價共1500元左右，都已經含在報價裡了。缺點是在火車上的時間總計多達四天。

　　不過，跟團遊與自由行之別就是旅遊與旅行之別。旅行花費當然更高一些，因為你更自由，體悟也會更多。

2. 一四川老鄉，50歲左右，現工作在新疆阿克蘇，摩托騎行22天（新藏線）到拉薩。他說，自己被一兄弟放了鴿子，本說一起

作伴，不料變卦。於是他一人騎行，在葉城遇到一騎友，結伴行，一般是晚上會合，住一起壯膽。他們住兵站一晚100元，飯費50元。他們曾借一鄉政府大院搭帳篷住，也曾睡廢棄建築。

　　他以前沒騎過這麼遠。說起來，新藏線是入藏最難的路線。但他說無人區其實也沒所謂的。

3. 蘭州交通大學一後勤工作的老哥，也是50多歲，騎摩托走青藏線到拉薩，準備騎到林芝—昌都轉川藏北線，再回蘭州。

　　這是他一個人的騎行。他曾騎行到新疆喀納斯等地。

4. 在西藏玩夠後，還可再辦一個尼泊爾簽證（在尼泊爾駐拉薩總領事館，不少客棧都可代辦），2016年1月起免簽證費（之前15天的簽證費用為175元），然後從日喀則坐大巴到樟木口岸，再坐車到加德滿都。總共花一千多塊就能玩一趟，這可算是中國人民出境消費最低的了吧。

5. 在西藏玩兒，報遊行團，還是拼車？

　　個人以為，到拉薩周邊景區玩，還是報團合算。比如納木措一日遊，300-360（包門票）；羊湖一日遊，200元（無門票），算是很便宜了。

　　從拉薩出發，旅行社的報價是，林芝三日遊，約1600-1900元（全包）；珠峰大本營，1700元左右（全包）。

　　但在林芝，跟團很貴，雅魯藏布大峽谷不過100公里，報價600-650元（含門票、午餐和觀光車，價格280元）；到魯朗，不到80公里，報價590元。價格太高。

　　若想玩好，又省錢，最好拼別人的車或幾個人包一輛車。

在一個年輕人那裡，知道有一款App叫途樂，而微博上也有撿人網，提供拼車同玩的資訊。當然，你也可以主動發資訊，求被撿。

這樣下來，你可能一千元就能從拉薩-珠峰大本營玩兒一個來回，也可能以200元／天暢玩西藏（一般租一輛普拉多的價格是一天一千），甚至1000多塊就可跟車從拉薩到成都，體驗中國第一景觀大道──川藏線。

（二）川藏線

1. 四川雅江縣，318國道距拉薩1608公里。雅礱江穿城而過。縣城依山／削山而建，像老北川。還有無數酒店在建中，緊貼石壁，讓人心裡擔心其安全。

   雅江以藏族人為主。1999年生的一男孩在德陽讀初二（五年制，三年初中＋兩年西華師大），自陳能看懂藏文，但不會寫。小學時沒有藏文課。不過，一個2000年生的女生說自己小學時學過。

   雅江縣東城社區在下半城，房價4000多一平方（上半城賣5000多一平方）。遇到一藏族人，本是農民，修路被拆遷，補償是700元／平米，總款在社區買了一套房子，還剩下一些錢。

   在下半城，有一家「秋香」面館，30平方左右。是來自四川內江的一對夫婦開的，年租金2萬元。一碗小面10元。生意還是好做。

在上半城，有一家歌舞吧。實際上可以喝酒、唱歌，也可跳舞。藏族人喜歡跳舞，不過喜歡在露天廣場跳。下半城的東城社區一到傍晚就有男男女友跳藏族舞蹈；上半城，傍晚時一廣場上跳起了鍋莊舞。不過，中間還穿插了情歌對唱（五男對五女）。

在路上遇到雅江中學初二（7）班的羅丹和羅讓普措，是從鄉下來的，但不住學校，父母在縣城租了房子住。兩個初中生沒有QQ，沒有電郵，也不用手機。

他們所在中學每個年級9個班，每班60多人。不過，高中只有5個班。考上大學的不到10%。

羅丹說，農村裡想當喇嘛的人少，因為在外打工掙錢多：

西藏八宿縣境內的怒江七十二拐。

「喇嘛沒多少錢，念經七、八年，才有機會為他人念經：一個月有兩、三千元」。

（在四川新都鎮的居裡寺，我發現喇嘛出寺廟時開車的多，不過都是經濟型的車；也有騎摩托車的。）

雅江縣開始設邊檢。這也是川西唯一開始需要查身份證。在渡口邊的酒店，服務員說，前兩天因為有客人沒有身份證，導致停業了兩天。

2. 理塘基本上成了巨大的建築工地：無數高樓土建已經完成。它是到稻城的主要分路點。

六世達賴喇嘛倉央嘉措曾寫了一首道歌：

> 潔白的仙鶴，請把雙羽借我。不到遠處去飛，只到理塘就回。

拉薩三大寺上層喇嘛們從詩句裡推斷他會轉世在理塘。後來，在白塔公園對面村子裡找到了一位名叫格桑嘉措的兒童。他成為第七世達賴喇嘛。

所以在理塘的公路上，有「遇見倉央嘉措」大型戶外廣告用語。

3. 2016年7月9日，車從雅江—理塘—巴塘（金沙江畔）。

巴塘縣城邊有普寧寺，規模不算大，網路上關於它的資訊都極少。該寺設辯經院，文革前有1600多僧人（即喇嘛）。文革期間寺廟受損，僧人全部遣散，1982年複建。現在共有300多僧人。辯經時，有160多僧人參與。

有意思的是，普寧寺有一能言佛，在文革中藏在深山中得以保存完成，現在成為鎮寺之寶。

在寺內能言佛的一側，與格桑喇嘛聊天。他13歲到普寧寺，迄今已經30多年了。他家裡共七個兄弟姐妹，自己能入寺當喇嘛算是家族的最高榮耀。他說，雖然老家在巴塘，但黃教戒律嚴，僧人每天必須回寺裡住。另外，如果僧人主動還俗，以後再不能當僧人了。

他自述曾到印度學法，到過拉薩、浙江普陀寺、北京八大處拜佛。與他談達賴，坦承他才是藏人精神領袖。在寺內的護法殿裡，有達賴的照片，不過外來訪問者禁入。若有外來參觀交流的，照片會收起來。

與西藏相比，他說川西管制要少些。「普寧寺穿喇嘛服都不許進藏。以前進藏要開五個證明。現在不用開了，但只許待一個月」。

格桑說，現在願意入寺當喇嘛的人，少了。

4. 2016年7月的一天，住四川新都橋附近的營官村。一東北女孩因為喜歡這裡，就租了一民宅（兩層樓，一大院），開民宿。她爸媽也在幫她打理，比如為房客做飯，而重要的是，他們投資了30萬元，與房東簽了八年合同。因旅遊受季節影響，每年11月，他們回東北，來年3月再開張。

位置是不錯的，在318國道邊，旁邊就是貢嘎雪山觀景臺，還有濕地公園。附近有居裡寺（內有千年佛經、古塔、藏區第一天葬臺等）。

東北大媽說，當地藏族人不好惹，不洗澡，不喜歡他們。

又說有些藏民把房子租給外人，變心（想提價）後會將租客趕走。

民宿旁邊一個活佛的家。他正修一幢樓，投資一百多萬元。東北大媽說，他很有錢，常在成都住。

她說，「現在的小喇嘛，都拿著Iphone 6 plus用」。

5. 在川西的塔公寺，不少殿裡置放了達賴喇嘛的像，至少有三處。這是青海塔爾寺、西藏布達拉宮裡都沒有的。

可見四川的宗教政策要寬鬆些。

（三）管理

1. 進西藏，二代身份證不可少，連出火車站時都要刷；進布達拉宮區域也要刷；從拉薩到西藏各地的路上也要驗證；外省開車進藏也要驗無數次；住酒店也要刷。

一種誇張的說法是，護照、戶口頁在西藏都沒用。不過，我在拉薩火車站得到的說法是，如果你用護照買的火車票，你必須持護照；但你用身份證買的票，就不能用護照（因沒有身份證號），可用戶口頁。

2. 在西藏，住酒店或客棧，身份證一刷，資訊直接上傳到公安局資訊系統。凡查到住客中有一個沒有上傳的，一經發現，立馬關張，所有住客他處尋住。

一個傳說是：拉薩新任領導有親戚到訪，因工作一忙忘記張羅了，等閒下來想聯繫，通過公安系統查住處，卻無結果。原來是某客棧未盡登記上傳義務而住房。領導大怒，所屬派出

所人員被罰。

3. 確實長見識。在中國鐵路客戶服務中心網站（www.12306.cn）買票出藏火車票，改簽、退票等服務，必須到當地火車站辦理。問題是，以拉薩站為例，營業時間為早七點到晚七點，如果要辦上述手續，至少下午六點要進站。

2017年7月的某日，我坐一小時公交到了拉薩火車站，結果說晚上七點下班。於是，火車站無比空曠。

如果你買了第二天拉薩到北京西的硬臥票，700多，但頭天七點後改變行程，那改簽，退票都不成，這錢只能餵狗了。

問武警，為何關這麼早，答說，出了事怎麼辦？我……

第二天，在火車站問售票員。她對這幾年執行的此新規都不滿，「改簽、退票都在我們櫃檯辦，我們工作量也大，也不願意。你的意見之前我們也提了，沒用。只能靠你們（乘客）向青藏鐵路公司提了。」

4. 嚴格說來，拉薩從管理和服務上，算不上一個好的旅遊城市。

比如，拉薩火車站出站口服務臺，沒有免費地圖，甚至也沒有地圖賣。

火車站出來到市區挺遠。公交站很近，班次尚可。但你要打出租，且慢，排隊待客的計程車是不打表的，按人頭算，一般一人30元。一個的哥給我的解釋是，火車站偏，人少。他還說，從市區到火車站也是按人頭算的，因為他們沒人願意排隊再載客，只能返空。

這說法不太能自洽。

火車站作為一個城市的視窗，也是不少人對該地的第一印

象。就火車站而言，拉薩不會留給你好的第一印象。

5. 在新疆石河子工作的一年輕男子是漢人，到拉薩玩。他進藏需要辦居住證。一住旅行社，身份證在前臺一刷，沒多久就有兩個派出所的民警前來詢問。

6. 在Z22次列車上，問一列車員工作與休息時間。他說，工作幾天，就會休息幾天。每跑一次車，都要在拉薩睡一覺，不然受不了。

　　該車從拉薩到北京西站，全程40小時18分鐘。他說，整列車的工作人員從2005年青藏鐵路通車時就在這條線上跑，都十多年了。

　　一中年男推著飲料車過來看，我開玩笑說，跑這趟火車，老得太快，應該換些二十幾歲的來幹這活兒。

　　他賣飲料，卻沒有礦泉水賣。我問，沒有5100啊（西藏冰川礦泉水，高鐵曾免費贈。中鐵快運曾與其深度合作）？回答很快，「15塊一瓶，誰買嗎？」

　　在他手裡，脈動6元，西瓜一碗10元。

7. 青藏線入藏鐵路沿線、拉薩—日喀則鐵路沿線，都有武警站崗。在鐵路隧道口，也駐紮武警。列車行過，總有武警敬禮。

8. 「西藏的不穩定因素基本沒了」。一的哥這麼自信地對我說。

　　是的，全藏城市基本都是巡警「曝光模式」：在拉薩，無數110便民報警點（內有多名員警）在大街上，每幾百米就有一個，觸目可及。

　　在拉薩街頭，我曾看到兩輛敞篷大軍車，車廂內兩邊各站著十幾個持槍武警，全城巡邏。

從拉薩到各地的公路上，武警持槍定點檢查。尤其以拉薩—林芝一線布點最多。坐巴士，全程身份證查兩三次，安檢多次。從機場到拉薩，快近市區時要查驗身份證。從林芝到雅魯藏布大峽穀，邊防員警查好幾次，不許拍其工作照，不然沒收器材。

　　開車在西藏的公路上，壞人確實插翅難飛。

9. 在拉薩，群防群控特別明顯。在八廓街各社區（居住區）門口上方有員警銘牌（姓名及手機號），而在街道裡，一賣鐵皮箱的女商戶有胸牌，實為聯防員。她介紹說，月領薪水一千多元。想拍攝她的胸牌，被拒絕了。

二、在西藏

（一）西藏人

1. 當拉薩人是容易的（沒房也可落戶口）。但要記住：持西藏戶口的人出國基本無望（除極少數有機會因公出國）。回報是：孩子高考上大學容易多了。

　　反過來說，西藏人想落戶內地也是容易的，但很少。十年前的數據顯示，95%在內地上大學的藏族生會回西藏工作。

　　主要原因除信仰外，還是生活方式的問題。在內地，喝酥油茶、轉經、轉山，難實現。

2. 西藏有前藏後藏之分，拉薩、山南地區為前藏，日喀則地區為

拉薩八廓街，樹下休息的老人們。一個喇嘛走過，一邊用手機打電話。

後藏。通常來說，前藏的精神領袖是達賴，後藏的精神領袖是班禪。班禪的駐錫地是日喀則的紮什倫布寺。

不過，後藏信奉的還有別的領袖。如果你到江孜的白居寺去，噶瑪巴（大寶法王）的照片在入口處的商店裡擺了很多。噶瑪巴屬於噶舉派。現在的第17世大寶法王（本名烏金欽列多傑）1985年生於昌都縣拉多鄉，是中央政府批准認定的第一位藏傳佛教轉世活佛。1999年12月28日夜，14歲的他離開楚布寺出走印度，至今未歸。出走的原因，按他個人說法，是為了學習和弘法。

3.西藏職工，男人55歲退休，女人50歲退休。西藏人平均年齡67歲。

4. 藏族人若在城裡工作，可生二胎；在鄉村，不限生，但計劃生育政策已經開始推行。

　　不過，在拉薩，四、五十歲夫婦的下一代中，不少是獨生子女。

5. 一本介紹阿裡地區的書說，西藏人不畏死，怕生。因為條件惡劣，生存艱難。不怕死，是因為死太容易了：一不留神，就被雪埋了；一轉山，就沒命了。

6. 藏族人均為佛教徒。但除僧人外，普通人並未系統學習經文，全靠家庭影響和自我學習。

7. 在拉薩，當醫生算是中上層人士。但每季度要到縣鄉義診。在西藏，雖有藏醫，但應是西醫當道。

8. 在拉薩—西寧火車上，認識一老哥。1987年從內地公調到那曲地區工作，司法系統做律師，已經三十年了。他說從未讓自己的孩子到西藏來過，妻子也是在內地。

　　兩地分居幾十年，他說一年能見上一兩次。以前交流靠寫信，一封信要走十幾天才寄到。聰明的他想了一個方法，每天寫信，每天發信。這樣，妻子天天都可以收到信了。

　　他說，這幾年藏民離婚的確實多了。但對大多數夫婦來說，沒必要通過離婚這樣的手段，「因為人是自由的。今天想跟誰好，就去和誰親熱」。

　　他喜歡那曲藏民的「自然」。他回憶說，自己曾到那曲鄉下，見四個藏族少女在河邊裸著，見生人也不防備，讓人覺得特美好。

　　因為他是學法律的，我就問他，在西藏的藏民、在籍漢人

都辦不了護照，不違憲嗎？他說，這不違反憲法。這樣的規定是為穩定西藏設計的。限制居民出境權利的上位法不是憲法，而是公安部的相關行政規定。

9. 說出來你可能都不信。一個在林芝地區任教的藏文老師對我說：就藏文化保存來說，西藏還不如青海藏區和四川藏區⋯⋯

10. 在拉薩郵局遇到一藏族老婆婆，寄信到德國。說兒子在德國上學，學德語。我問她兒子有護照？能出國？她說學習可以出國的。又問：你能出國？你有護照？回答說：沒有。應該可以辦護照。我說不是不能嗎？她一笑：「政策都不是穩定的，一會兒這樣，一會兒那樣」。

11. 在拉薩吉日巷閒逛，見一店門口在賣孔雀羽毛，長又美。一女市民買了20根，100元。她說，羽毛插花瓶裡辟邪。5塊錢一根，確實不貴，不過想起來卻很殘忍。

12. 在拉薩一郵局寄書，藏族小妹說不能寄印刷品。我說應該可以啊。她致電領導，建議普通包裹。領導和我通了話，說這邊很少寄印刷品，慢，要一個月；就價格來說，平信印刷品郵寄與寄包裹相差五、六元。我於是選普通包裹，把兩根耗牛雕品同寄。20多斤，郵費30元出頭。紙箱快用了十幾米膠帶，居然都沒額外收錢，挺意外的。小妹說，是因為我想寄更便宜的印刷品，但未實現⋯⋯

13. 聽兩個藏族女生聊天，藏語中夾雜不少漢語，比如身份證、八月、初中畢業、早上六點、樓下宿舍阿姨⋯⋯一問才知，有的藏語巨長，說起來費事。

據其介紹，藏文實際上是拼音文字。比如拉薩（ ）

捷運美麗島有一塊巨大的彩色玻璃穹頂（4500片玻璃組合，總面積為660平方米），譽之為「光之穹頂」，由義大利藝術家設計。該地鐵站被一家美國旅遊網站評選全球最美麗的15座地鐵站之一。

這都不算，在光之穹頂下置放了一架三角鋼琴，任何人只要持有含有照片的證件，均可申請免費彈奏一小時。旁邊有幾排椅子供路人聆聽。其實就是人民幣幾萬元的成本，輕易提升了城市的品位。

如果你到高雄駁二藝術特區，會感慨「舊貌換新顏」：原本陳舊的港口倉庫，2000年後改造成了綜合性的藝術區。你可以在有歷史感的街道裡逛誠品書店，看雕塑，也可以看電影。

當我走到高雄港附近的香蕉碼頭時，發現了香蕉故事館。雖然只有幾十個平方，但裡邊的陳設卻非常豐富，有香蕉生產、銷售的文獻，運輸的機車頭，也有蕉農們的臥室、合作社發行的股票。數據顯示，臺灣在1950年代曾經每年外銷日本香蕉賺取外匯6千萬美元，幾乎占全臺外匯總額的1/3。

看完這些，你才能深刻理解為什麼胡德夫和楊祖珺演唱的《美麗島》裡有這樣的歌詞：

> 我們這裡有勇敢的人民，篳路藍縷，以啟山林。
> 我們這裡有無窮的生命，水牛、稻米、香蕉、玉蘭花。

當然，文創不是強扭的，若要有長久的生命力，是要有情懷的。在臺灣「手作」（手工製作）風潮中，你總會發現一些文創

二字，拉（ᢖ）由上下組接而成，其右側和薩字右側為「 █ 」，均為間隔符。

真要學藏文，也不容易。從聽說學習，也得一兩年，要閱讀、寫作，則需要更多年。

14.藏香豬是藏區特有物種，也是美味之一。它是瘦肉型的放養豬，以天然野生可食性植物及果實為主食，成年豬平均體重不足50公斤。

吃法有多種，比如爆炒、做臘肉，也可以吃烤肉。

曾在林芝一旅社裡見一群人在吃烤豬，一問，一隻豬900多塊錢。

在餐館裡，我吃過炒藏香豬肉，彷彿也並不比年少時吃的重慶土豬香。

15.在西藏，藏族人是不吃狗肉的。在拉薩城區、在鄉村，甚至林芝的比日神山、納木措湖邊，總會見到無主的狗轉悠，或旁若無人地躺在地上。有時一見人，就會走過來盯著你，要吃的。

後來才知道，它們都是放生犬。性情倒是溫和，看著嚇人，並不會攻擊人。

16.藏族人早上喝酥油茶，晚上也喝。他們在家裡自己也做（包括糌粑）。在拉薩有茶館、藏餐廳無數。在小昭寺附近，我點了一碗藏面，7元；酥油茶一中型暖壺（不按杯賣），10元。面確實不好吃，很幹；酥油茶略油、鹹，還能接受。

17.藏餐其實還是不錯的。在羅布林卡東北向有一家，點了咖喱牛肉炒肉，極香。

在八廓街，一歷史建築裡，尼泊爾套餐也很不錯。

18. 2016年7月20日，從拉薩坐火車到日喀則，車上有吸氧器。

　　一出站口，所有藏族旅客在出口登記身份證資訊。有員警用手機一個一個拍照。十幾個藏族人在一側等待。漢人則直接出站，員警掃一眼即過。

　　第二天，班禪將在紮什倫布寺摸頂祈福。藏族人想見他一面確實不易，因為他主要住在北京。想被摸頂更難，有武警人牆。

19. 在路上認識一個拉薩的藏文小學老師。她是高級教師，工資一月七、八千元。她坦承藏族孩子學習藏文的效果一般，「但它又很重要。這是要高考的」。她兒子六歲了，還不會說藏語。

20. 在西藏，有天葬、水葬、土葬等多種方式。

　　天葬是很神聖的，非藏人應是不許觀看的。一藏族朋友剛和我加了微信，沒多久就傳了一段相關視頻給我，有幾分鐘長，過程讓人震撼。

　　事實上，按藏族人的觀點，天葬有兩層意思：人死後有輪迴，肉體餵鷹可以讓它們少吃些動物（如野兔、老鼠等），算是行善積德；這種方式也是一種試金石──如果你的肉身連鷹鷲都不吃，你該有多惡。

　　另據一些書介紹，不只鷹鷲吃，不少天葬臺也是流浪狗（包括放生狗）的樂園。

　　而水葬則是專供非正常死亡者。一般不扔在小河，而是扔到拉薩河、雅魯藏布江等大河大江中，餵魚。

這或許是藏族人不吃狗和魚的原因之一。

土葬，以前藏王就是土葬。現在西藏沒有火葬，一藏人說，它多污染環境啊。

21. 拉薩有所北京中學，系高中。居然還有那曲第二高級中學和阿裡中學。聽起來很怪異。原來是因為地方教育水準不行，乾脆都到拉薩辦，當地學習好的直接到拉薩來讀。

在上海、北京等地的內地西藏班，西藏學生小學畢業後篩選後入讀。不過，不只是藏族學生可以上，漢族學生也可以。

不過，按照《2016內地西藏班招生規定》，初中班要求農牧民子女要占到七成。

22. 一藏族女生在內地班讀到高二，高三因故回到西藏。因為內地班學生可以不考藏文，但在西藏，藏族人必考藏文，於是她讀了西藏本地的漢人班。

現讀大三的她計畫畢業後回到西藏工作，現正在學習藏文。

我質疑說：那你上高中時變民族。這合適嗎？

她回說：「你們漢人也搶了我們藏族人的位置啊。比如有的漢人把民族改為藏族，然後享受高考低分的福利。還有，更多的是在內地讀書的漢族學生到西藏來高考！」

23. 藏族學生從初中起可到北京、上海、石家莊和濟南等地讀中國內地班。有正式錄取生和計畫外考生。前者全免費，後者要交錢。

內地班藏族生與在藏學生最大的區別是：前者可選擇高考時是否考藏文，而後者必考。

24. 2015年8月30日，Z22列車（拉薩—北京）上，遇到兩個西藏女生，都就讀於山西農業大學。小的才大一，高中時讀的內地班（高考不用考藏文）。

    問她：如果在學校找個漢族男友，會否應其要求在內地工作？

    她說，「我不會在內地工作」，又補充說，「漢族男生太娘了」（即女性化）。

25. 一藏族男子有兩個孩子，相差十歲。送大孩子到石家莊上學（內地班），問他是否希望孩子大學畢業後在內地工作？他說，「不」，「但在內地讀書有好處，至少讓孩子走出了大山」。

    十年前，調查數據顯示，有95%的藏族學生內地大學畢業後會回到西藏工作。如今，依據我的隨訪，比重彷彿差不多。

    他們回到西藏考公務員，基本都能考上（全西藏錄取比為2:1）。

26. 當下，漢藏通婚的不少。在納木措湖邊，一那曲老師自稱28歲，說漢藏結合，生出來的孩子很好看。

    她說，有的藏族人很有錢，不想外流，於是三兄弟只娶一個老婆。第一個兒子的爸爸是丈夫。其他兄弟是子女們的叔叔。

27. 在那曲地區，城裡人是不能去挖蟲草的，但村民可以。不過，要持證才能去挖。半數以上的農民（牧民）巨富。他們開的車都是五、六十萬元的。

    一種說法是，那曲人覺得拉薩人窮。確實，一些人挖幾

個月蟲草，幾十萬到手。

28. 一藏族男子，16歲到西安闖蕩，現在拉薩開旅遊包車。他滿口髒話（漢語），很狡猾：搭客17人進景區，讓兩人躲座位下方，他去購票。少購的兩人票錢（240元）落入自己腰包。（乘客票款提前交給旅行社了）

　　旅行社的合同裡規定了是無購物旅遊。不過，他會把乘客拉到拉薩近郊的某大型食品超市待二十分鐘，並提前說：「你們可以不買東西，進去轉一圈就行。我可以得人頭費」。一問，一人二十塊左右。

　　行車路上，他說：「漢人自駕，不守規矩，老插隊」。其實在幾分鐘前，他就強行插隊了好幾次。

納木措，西藏聖湖之一。牧民和她的犛牛在一起，遠處是雪山。

我跟他開玩笑說，他不是藏族人，倒是比漢人還漢人。

29. 藏族人篤信佛教，大多很溫和。不過，也會有例外。2017年7月的一天，在納木措售票處外，等導遊取門票的間隙，隨手拍了幾張照片。旁邊一藏族青年過來要錢，說把藏獒拍了，要價六十元。表情很凶。我把幾張照片刪掉了。仍然要錢，我掏空了口袋，有十元錢，要給他。不料他指著旁邊的中年男說，「他是藏獒的主人，給他」。

在一些景點或在一些山口，總會有藏族擺攤或牽著氂牛、藏獒和遊客拍照。未經許可，不要拍他們的商品，也不要拍人或藏獒。不然會有麻煩：要麼花錢擺平，要麼可能走不了路。

（二）外來者

1. 藏漂之家客棧老闆小朱，安徽安慶人，華中農業大學農業專業，2015年畢業。上大學時，他曾騎行西藏兩次（川藏線），前女友是成都人，騎行過三次。

小朱製作明信片、西藏單車騎行地圖，在西藏各處都有賣，自稱掙了十幾萬。2016年在拉薩老城區嘎瑪貢桑統建社區租了一幢民居開客棧，共三層，12萬元一年。他前期投入了30萬元。其父母皆農民，均抽煙，2016年7月開車用了五天時間從安慶到拉薩，來幫忙（如為房客做飯）。

問朱做客棧的動力來源，說自己喜歡自由自在的生活，再加上之前的累積，才有了現在。問他讀大學的意義？他說，

開發腦部會多些，看世界的方法不一樣，決策的科學性也會好些。

2. 在拉薩，掙錢看起來容易些，因為物價高些。一些日用品（如洗髮水、沐浴露）比內地高幾塊錢。水果也要貴一些。香蕉一般5元一斤（內地3.5元左右）。但做生意主要靠遊客。另外，漢人做生意的最多，但主要還是掙漢人的錢。

非西藏本土長大的人，在此地生活和工作實際是要付出健康的代價的。據8月某天拉薩110便民點LED顯示，氧氣含量為65%。在這種低氧環境下，易得肺水腫，腦子反應也易遲鈍。無數外來務工漢人的經歷就證明了這一點。

3. 西藏拉薩，打車10元3公里。一般市內十元搞定。但到周邊，少有公交，只能拼車、參加旅行團。

計程車每天份兒錢（上交的管理費）165元×2班，燒氣150元×2班。一般一班（早晚班）跑600多元（但只有一個的哥號稱一天跑1000元沒問題）。在淡季，的哥一般一月淨掙6、7千元。

青海西寧近郊的一農民，50多歲了，曾開大貨車，隻身跑到拉薩來開計程車。他說，這裡掙錢還是容易些。在計程車公司租車，一月交1萬元（白班和夜班），說一月掙五、六千沒問題。

在林芝，的哥們掙錢更容易一些。其地區首府八一鎮註冊戶籍人口3萬人，實際常住人口10萬人。計程車120-160輛。車輛一天的所有費用為200元。

4. 西藏亦被人稱為「小四川」，意為四川人為生計多年征戰此

地，人數眾多。當然了，近年來河南人也有不少進軍西藏的。

　　我的困惑是，目前藏族人占全西藏的42%，而且比例逐年下降。目前藏人占全西藏42％。當這一比例逐年下降，而年輕人的漢化教育愈加成功，是否西藏就不再是Tibet，而是Chibet？因此，早一天到西藏，或早一天見到本真面目。當然，此刻，它已有些模糊了。

5. 西藏的計程車拉活兒很自由，載客狀況下，還可路上撿人。所以計程車空駛率很低，但因不順路的搭載也很常見。

　　開計程車的，如同全國其他省市一樣，沒幾個女的；多來自西北、河南等地；藏族的較難碰到。在林芝，基本上是四川人開出租的多。資陽一大姐十多年前到林芝旅遊，覺得地方不錯，就留下來開出租了；另一帥哥之所以在林芝開出租，緣於其父母十年前到林芝打工（當時收入是內地四五倍）並紮根於此地。

6. 在西藏，掙錢容易不少。一河南農民十多年前到林芝。目前，他搞車牌上戶工作，生了兩個女兒，還想生兒子。他自述，三年前花27萬元購買了一門面，現在，100萬都有人買。不過，他還是想回河南去，早晚。

7. 在西藏掙錢也是有代價的。一甘肅來的中年男在拉薩跑了十年出租，覺得自己智力下降了。比如以前的很多事，都想不起來了。若回老家幾個月，才又恢復了一些記憶。

8. 現在的年輕人，有的會仿效西方的Gap Year做法，畢業後不急於工作，先晃悠一段時間後再工作。

　　在拉薩，我遇到一個江西女生，畢業後不工作。在網上查

到資訊，到可可西裡，做義工一周，又到拉薩做義工，計畫一個月。

還有一種情況是，在校大學生跑到青年旅社做義工。

旅社包吃包住，他們則做一些清潔工作或前臺工作。幹完一段時間，他們就在西藏遊玩一陣再返回內地。這不失為一種有意思的生活方式。

一甘肅女孩護理專業畢業，本可回家鄉所在的縣醫院當個護士，但她說自己不願上夜班，於是到新疆晃蕩，後來到了拉薩。她曾借錢和朋友合夥開客棧，後自己因故退了股。現在她做客棧，老闆是她的男朋友。

問她選擇如此生活的緣故，回答說一心嚮往自由。她有些得意地說，自己那些上班的同學都很羨慕她的生活方式。不過，她也說，「我受過的苦，有幾個人知道？」

9. 關於高原反應大小，實則因人而異。一個常常鍛鍊、心率低的女生從北京到拉薩，第二天很難受；一個中年女士從東北到拉薩，火車從格爾木起雖然增氧，但她就是睡不著，還嘔吐。感冒著去了納木措，發誓再不到西藏了；江蘇一警校男生，到拉薩的第三天就珠峰大本營去了，5100多米也沒啥反應；一福州女生第三天到納木措，無高反；更有七旬老夫妻在拉薩旅遊，也沒啥高反。

很多人都想去西藏而不敢去，但就是怕高反。個人覺得，高反被人為誇大了。只要不是高血壓、心臟病和嚴重呼吸道病患，應該都可以適應。心態非常重要，不要過度緊張，也不要讓腦子轉速太快，因為要防止用氧量增大。

不自信的人可以先到林芝地區，海拔2000米左右，氧氣充足如內地。適應幾天後再北上拉薩。

10. 拉薩城裡有600輛人力三輪車。每車月交管理費1200元。一般起步價10元／次。一甘肅四旬男子是車主之一，租人的三輪車跑業務。他和另外兩人合租一間屋，系平房，月租金一共400元。

11. 在西藏，四川人、重慶人開的川菜館遍地開花。重慶萬州人開的特別多。某川人在拉薩開的自助火鍋店，有蝦、羊肉、水果、酒水等，全包88元一人，附送簡短的歌舞表演。按拉薩的物價來說，不算貴。

    不過，在西藏，燒水只能燒到80幾度。餐館做飯多用高壓鍋，炒菜則要鼓風機。很費氣的。所以餐費偏高。

12. 一廣東土豪到拉薩住下，對客棧老闆（漢人）說：藏族人真愚蠢，整天不幹事，跪拜……

    這一看法並不新鮮。1935年，《大公報》記者範長江曾走訪西北，相關報導文字結集為《中國西北角》。他在青海塔爾寺真切地看到了藏人對宗教的虔誠和全身心的投入，「蒙藏人民往往以一生生產之所得，不遠千里，長途跋涉，完全在一次叩頭中耗盡」，感慨「此種精神可以看出蒙藏民族之偉大，然而以此種精神用到如此地方，似又太無價值」，再次指出「滿清統治漢族，是獎勵八股，對於蒙藏民族，則提倡黃教，這完全是宗教的愚民政策，把整個蒙藏民族的精神與精力，盡消耗在‘希望來世’‘超脫凡塵’在工作上，不再過問今世的軍事政治問題。滿清的政策，誠然

有相當成功，而蒙藏民族人口、文化，卻受了難於計算的損失。」。

　　一個無神論者與有神論者探討宗教與信仰，確實很難談到一塊兒。客棧老闆對我說，「當時我沒接他的話。其實我特別想反問他：'什麼愚蠢，什麼是聰明？你一定就是聰明的？'」

　　是的，出門旅行就應該放空自己的大腦，試圖去觀察、瞭解和理解非己熟悉的環境和人。

　　不然，你抱著定勢和成見，什麼也得不到，還不如待在家裡好。

13. 認識一個在林芝工作的男生。經濟學研究生畢業後曾在拉薩工作，不喜歡缺氧狀態，改到林芝一家國有銀行工作，在當地是高收入階層（比公務員、教師都高）。現在他住在單位提供的兩室一廳的周轉房，租金：一月一平米一元多點。

　　他老家在西北，回家都是到拉薩坐飛機，「單位規定，長途只報機票」。

　　他也曾有機會在北京工作，有同學亦在北京工作。現在，他對自己的選擇特得意。

14. 在西藏，有多少人是一個人出遊？以我的接觸來看，真不少：單身女子、中年女人、研究生男、工作男……

　　為什麼一個個的要獨自遊？回答都相似：另一個人在工作，忙。一女生說，「他休假時，他玩他的；我有空時玩我的」。

　　為什麼到西藏？

回答也相似，因為好奇。

確實，一輩子至少應該到一次西藏。

15. 在拉薩、林芝，外地人很多。這些打工者中，無數人告訴我不會在當地購房，即便全家都在西藏。所以，房價不算高，拉薩房價為人民幣6、7千元一平方，林芝3、4千元一平方。

不少人的打算是掙錢後回家鄉建房或買房。

對缺氧的拉薩來說，對打工者安居的吸引力更小。

16. 一本《西藏當代旅行記》，2004年出版的，內有包括馬原等知名作家的隨筆。它在拉薩八廓街的新華書店等了十一年，終於等到了我。

書中，雲南詩人於堅在《在西藏》一文中這樣寫道：

「在西藏，我是一個文盲、聾子和啞巴。我是一個不知道的人，只有這種老老實實的身分能夠幫助我看見西藏」。

「置身於西藏，我們仍覺得它遙遠。遙遠是永遠不能抵達的。遙遠就是永遠不會‘到’。遙遠就是在途中。永遠在途中。」

17. 某女生遊完納木措，在返回拉薩的旅遊車上問，「剛才我們遊的湖叫啥名兒？」

一中年男和家人到山南地區遊玩了四天。一問他有哪些景點，他都記不清了。

對很多到西藏的遊客來說，一如在珠峰大本營撒了泡尿，就算到過西藏了。

18. 一私人老闆在西藏做政府工程，購銷草原用鋼絲網柵欄，1米11元，某些領導每米能得5毛。

沒有公開招標？

當然有。不過入圍的三、四家公司，老闆都是他。

公司很掙錢，一輛車開了兩年，跑了12萬公里後，主動報廢。

老闆的一個屬下說，「以前藏族人購買材料很直率，抱錢買貨。不過，現在也會砍價了」。

（三）西藏片羽

1. 西藏博物館值得看半天，免費開放。

內中有達賴喇嘛和毛澤東、周恩來等中共高層領導的信件。通過它們，對西藏問題會有更深的認識。在西藏全境（包括布達拉宮），你再難看到達賴的痕跡。

讀歷史，西藏的確自唐代以後就沒有獨立過。而英國對西藏獨立議題確實助力最大（以麥克馬洪為代表）。

對西藏問題有興趣的人，可以參看汪暉寫的一篇論文：《東西之間的西藏問題》。

2. 西藏有很多礦，不開採，武警把守。生態保護當在是重要原因。一在西藏工作了三年的中年男說，也怕引起民族衝突，「比如一些天葬臺是漢白玉的，說明山上有寶。你也敢去開採嗎？這不是挖人祖墳嗎？」

3. 拉薩—林芝，四百多公里。公共交通靠全順商務車。全程開七八小時，票價180元。其道路像內地的省道，一些路段抖得讓人喝不了水。不過拉林高等級公路修了好多年，快通了（2016

年通了部分，2017年9月通了九成，有兩個隧道未完工。2018年10月全線通車。拉薩到林芝縮短為四個多小時。）。

4. 西藏境內，汽車加油需要實名登記（須身份證）並填表。Why？你懂的。

5. 如果你去過蘇格蘭高地，你會發現它與青藏高原（尤其是西藏）很相似：不少山經由地殼運動從海而生（亦或火山噴發形成）、地廣人稀、有草原也有高山，有水有雪山，更有特有的牛羊品種。

　　不同的是，蘇格蘭高地是高緯度，無數湖泊（Loch）與海相連，山基本一樣高，而且不少山上什麼也不長。

　　西藏卻是內陸，有湖泊，但不少都是地震後的堰塞湖。雪山更多，海拔有高有低。山上基本都會長東西，灌木叢是標配。此外，西藏缺氧。

　　與蘇格蘭高地交通發達、常綠樹林多相比，西藏還有很多改進的空間。

6. 在西藏，標語治國理念很突出。比如習近平提出的「治國必治邊　治邊先穩藏」隨處可見。

　　我疑心新疆人可能對此口號有意見。

7. 在西藏旅行，路途遠又地廣人稀，上個廁所是難事。

　　一般旅行巴士會在有廁所的地方停歇片刻。多是一次收費2元。不過，所謂的廁所，往往像八九十年代的簡易茅廁。

　　就算是簡易廁所，地廣人稀處亦難尋，所以隨處小便是一種常見現象。

8. 從拉薩外賣價格表上，可以看出就「食」來說，物價堪比北京、

上海大城市。比如涼拌牛肉，45元／份；土豆肉絲，25元／份；水煮肉片，30元／份。素菜最便宜，至少也是15元起價。

9. 西藏是大，往往每天只能逛一個景點：拉薩—納木措200多公里，單程四個多小時；拉薩—林芝400多公里，八、九個小時車程。

　　但你會輕易發現，距離並不遠，用時卻很長。這說明基礎設施建設滯後，高速公路、鐵路缺失（在建中）。另外，道路限速很常見，一般最高70邁，甚至個別路段20邁。不只是限速，往往還限時。

　　這種狀況可能要十來年才能全面改善。

10. 在西藏的鄉間道路，甚至幹道（如318國道），犛牛、羊、馬和狗等家畜很自由，自我放牧在山坡、草地。它們在大馬路上晃悠、橫穿馬路都很常見。它們不怕車，車得讓著他們，確有高原主人之範兒。

　　自駕遊時要特別當心，尤其是馬。它們有時頭向右，卻往往會向左跑。

11. 林芝地區工布江達縣金達鎮的一個村，用大大的標語向路人宣佈其是「全員黨員村」。如何從有神論向無神論蛻變，有故事。

12. 在西藏的土地上，最多的是經幡和五星紅旗。五星紅旗在鄉間民居屋頂，在城市商鋪，無處不見。

　　一司機說，國旗20塊一幅。在自治區成立五十周年來臨前，拉薩街頭把舊旗換新旗。

13. 「共產黨好」、「偉大祖國好」、「民族團結好」是公車裡

的LED屏滾動的幾十條口號的一部分。

「以習近平為總書記的黨中央與西藏人民心連心」、「衷心感謝以習近平為總書記的黨中央」，在鄉間牆上，在重要的城市辦公地，在計程車車頂LED屏，密集出現。

14. 2015年9月1日是西藏自治區成立50周年紀念日。區政府院內大樓外牆、各便民110站和客運站等，全都張貼（掛）著巨幅慶祝海報，上面毛澤東、鄧小平、江澤民、胡錦濤和習近平都在看著你。

普通人無從知道哪天搞慶典活動。也不知道習近平會不會來。一旅行社司機說，「我想見見習近平」。幹嘛？「因為無數景點都被領導們私人承包了。我想說說這個」。

15. 唐卡，實際本義為卷軸畫，有尼泊爾等多個畫派，表現為顏料畫、堆繡和刺繡等。不少複製品在賣，二、三百一幅。

現在正牌的唐卡基本都是顏料畫，礦物顏料＋唾液創作出來，依規格，有幾百幾千幾萬的。在八廓街的一家唐卡店，畫師是1981年生人，他拿出自己比較得意的一幅作品給一對父女看，說畫了一年，價格八千元。成交了，微信支付的。

就題材來說，唐卡主要是壇城、佛、菩薩。在八廓街的一家美術館，旦增達傑（曾入選「首屆西藏自治區工藝美術大師」）獨闢蹊徑，用連環畫的方式把《四部醫典》（被譽為藏醫藥百科全書）中的一些場景畫出來。我看到掛了三幅，和一朋友聯合起來全買了，2800元一張。他畫的以佛、菩薩為題材的唐卡，五、六萬起價。

買唐卡的過程非常有意思。在羅布林卡，展出了一些大

師級作品，真是一流作品。其中有幾幅便宜的在賣，報價1500元。我問，「能便宜嗎？」對方說，「1400」。再講價，對方會說，「菩薩面前是不能討價還價的」。

我差點回道：「菩薩怎麼能買賣呢？只能贈送嘛」。

最後，1200元成交。

通常來說，買唐卡（如佛或菩薩）只能買（說「請」更專業些）一幅，即所謂請一位佛或菩薩回家，掛客廳正中處。掛也有講究。

甚至有人說，唐卡要開光才行（大昭寺有這業務）。請不好容易帶來災禍。

作為一個無神論者，我沒把這些當回事。一些賣者也覺得沒關係。我只是把它們當作佛教文化載體，欣賞其獨特藝術而已。

16. 以前我以為藏族人都很黑，實際上不是這樣，膚白如江南人氏的也有。但紫外線強是真的，大街上女子們多戴一大口罩遮住大半個臉。

拉薩街頭，有美容醫院的燈箱廣告，大寫的關鍵字是：祛斑。

17. 一朋友告訴我，西藏某地區的人要外出，是需要相關政府部門開證明才可以。

18. 在西藏各旅遊地，都有賣所謂地方特產的。不過，假貨超多（不少是從浙江義烏採購的）。賣家基本都是外來的漢人，而且價格亂、高。

一東北男買了把藏刀，花了4000多。不過，有人就在攻

略裡指出：不要指望在拉薩能買到「老藏刀」，這裡全是全機制或者半手工半機制的「工藝類刀具」。所謂的「老藏刀」全部是做舊的。

在日喀則的紮什倫布寺附近有一家拉孜藏刀專賣店。我問營業員，有全手工的嗎？回答是新的沒有。展出不售的倒是全手工的。

在去雅魯藏布大峽谷的路上，有人賣瑪卡等特產。該點止好是一個觀景點，我們一群人下車看景，順便看了賣品。旁邊一個遊客樣的人說瑪卡功能如何如何，還認真議了下價，說16塊一克。談定，稱貨，進屋磨粉。

同團一妹子是河南人，在北京工作。也說在當地買挺值，又說曾在雲南看病花一萬有效云云。於是她買了七八千元的瑪卡粉，我跟風買了一千多的。

待到傍晚回到林芝，她到農貿市場一轉，才知道上當了。瑪卡並不值錢，幾百塊買一斤。那個遊客是一個托兒。我和旅店老闆一說，他不屑地說，「我都懶得說你們。我門口就擺著各種藥材、土特產，便宜你們不買，跑大老遠去買貴得多的」。

那女生提議明天找工商局，我建議直接打110報警，舉報欺詐。我手機上的招商銀行信用卡支付資訊顯示，這是一家成都的傢俱公司，我可以非法經營來報案。

賣家在固定的屋裡賣藥，但我們都忘了在哪個地方，也沒對方的電話。於是，我聯繫當時開車的司機，她是四川人，說是在米林機場附近。在一兩小時裡，我都在打電話，

向米林縣110報警。對方很客氣，把賣家所在地派出所所長的手機號給了我。聯繫他後，也很客氣，說馬上會聯繫賣家。

所長不久後來回電說，賣家同意退錢，明天你們直接去那裡，把買的瑪卡粉帶過去就行。不久，賣家打電話說，今天晚上就退錢，在林芝地區首府八一鎮（我們的居住地）見面。

我和女生一商議，在八一鎮的110報警崗亭和他們見面，以免節外生枝。晚上九點多，賣家開的車近前，把錢分別還給我倆，收回藥粉。他口說，「誤會，誤會」。

一回旅店，店老闆知悉後大為吃驚，「這些年上當受騙的，多了。要回錢來的，你是第一個」。

此事發生在2015年8月，2016年7月再去林芝，打電話給他問沒有房間，問還記得我嗎？這個像藝術家的雲南大哥說，當然記得。

實際上，我一直沒弄明白這事兒是怎麼成的。那位基層派出所所長和賣家認識，知其底細與做派？還是根本不知，只不過看我的北京手機號，又臨近西藏自治區成立五十周年？

19. 物價問題。在西藏，不少當地人都說物價比內地高，差不多與北上廣相當。

表面看起來，很在理：因地理條件限制，生活用品（以蔬菜為代表）自產不足；地偏人稀，物流成本陡升。

在去日喀則的火車上，認識一蔬菜批發小商人，每次從格爾木租兩個大貨車運蔬菜到日喀則。全程要24小時，也就是一天一夜。每輛車一趟運費就要四千左右。

但從另一角度看，西藏物價也未見得高。據官方數據，

2016年職工月平均工資為6708元（2015年為5929元）。以房價來說，拉薩好的房子才七、八千塊一平米，職工月平均工資基本能買一平方米。而拉薩是西藏房價最高的，西藏其他城市四五千元一平方米的常見。

而據北京市人力資源和社會保障局和北京市統計局的數據，2016年全市職工平均工資為92477元，月平均工資為7706元。但2016年，北京主城區房價均價五萬多一平方米。

在拉薩，坐公車，無論哪一路，均為單一價，一元。打車，三公里10元。

食品飲料方面，紅牛，6元一罐（在北京，我樓下的超市賣6.6元）。提子，10元一斤；香蕉，5元一斤；大蘋果，12元一斤。比內地略高一點。

在超市，洗髮水等日用品，確實比內地高出一兩塊。

吃飯，一般是包子1.5元一個；稀飯，一碗兩元；抄手，三兩35元。蓋飯，15元一份。這些和大都市差不多。

20. 山寨版衣服在八廓街到處在賣，商人中有漢人和藏人。我忘帶厚衣服（尤其是羽絨服），在一藏族小夥的服裝店買了件Jack Walfskin衝鋒衣；保暖褲，30元。穿了一天，假狼爪衝鋒衣腋下就開線了。

21. 在西藏，到處都在賣綠松石和用它串起來的項鏈。其實大多數是假的。

一大姐在八廓街租了個門臉，十幾個平方，因為租得早，又租得長，一天租金才100元。她主要做批發，主打是有民族特色的背包、提包，也賣綠松石。

她把真假綠松石都拿到臺面，真的每克60元，假的十幾元一克。假的一般是綠松石粉加膠混合而成。她說真假綠松石光澤差異大。不過，說了半天，我看了半天，真分不出來。

到拉薩的人，不少人會誤以為，全藏就一部戲：《文成公主》。為這部戲，拉薩河畔專門打造了外形像布達拉宮的劇院。

B等票差不多要300塊。由梅帥元執導，成都一公司運作的，號稱總投資7億多元。所以在公交站、旅行社、賓館、客棧，到處都是廣告；除公交站外，全有售票處。

不過，拉薩並沒有演《格薩爾王》。有媒體報導，那曲地區有演。

23. 想來松贊幹布的命挺苦的。有史學家研究指出，松贊幹布25歲時與文成公主結婚，34歲時去世。

問題是，「文成公主」是公主嗎？嚴格地說，她不是。她是唐朝宗室女，生於任城（今山東濟寧），其父史書未記載。貞觀十四年（640年），唐太宗李世民一道聖旨，將她封為文成公主。

松贊幹布在16歲時娶了尼泊爾尺尊公主。不過，正是因為迎娶了兩位公主，才有了布達拉宮和大昭寺。

松贊幹布和文成公主的墓在山南地區的澤當鎮。當地居民不同意對藏王墓進行開發。

24. 從日喀則有商務車到江孜，紀錄片《西藏一年》、電影《紅河谷》的拍攝地。一座小城，有抗英紀念碑、宗山古堡、白居寺。遊客很少，卻非常值得去。

白居寺裡的白居塔，亦稱「十萬見聞解脫大塔」，是迄今西藏境內保存完好，最為雄偉華美的建築珍品。始建於1414年，歷時十年，耗工日百餘萬才完成。塔高9層，高42.4米，有77間佛殿、108個門、神龕和經堂等。

　　白居塔還有「十萬佛塔」之美譽，殿堂內繪有十餘萬佛像，因而得名十萬佛塔。

　　白居寺外還有古街，是當年尼泊爾商人聚居之地，曾繁華無比。現在大白天街上除了幾條狗，基本見不著人。

25. 維穩是西藏的頭等大事吧。某單位的職工在QQ群（算組織傳播）討論一些問題，被警方關注到，結果開除黨籍。本要開除公職的，結果托人說情，工作保住了。

　　據一人介紹，現在的政策是，舉報一人（如涉恐）獎勵人民幣五萬元。

愛這個世界 雖然它不夠完美

114

第二部

異域風情

中國人來了

「你住英國哪兒？」

「我住巴斯，有溫泉，離希思羅機場一個多小時車程，是很著名的景點。在英國的應該都知道。」

「我住愛丁堡，到倫敦後還要轉機」。

「我老公會到機場接我回家」。

2013年12月12日，臨近中午，北京首都機場T3航站樓E13登機口，眾人正在等待CA937（北京－倫敦）登機。同為五十左右的女人，一個略帶南方口音，一個濃重的東北口音，各自在免稅店購買了白酒或國畫，開始交流起來。

兩個女人一交流發現，原來都是英國媳婦，而且都只到英國定居才四五年。東北女人說：「你老公退休了，我老公還沒有：他是政府官員」。

事實上，在我乘坐的這趟國航航班上，三百來人中，大多數是中國人，有去看望兒女的，也有旅遊的，亦有短期工作的。

一到希思羅機場的邊檢處，排隊者眾，英方引領員是個黑膚色女性，居然會對人普通話：「過來」。同樣，幾天後我在倫敦橋附近的Overseas Visitors Records Office（外國訪客登記辦），工作人員說的普通話「你好」是很標準的。

2013年12月16日，一個遊學英國的中國女生在泰晤士河上的遊船上拍The Shard。

　　到機場接我的司機說，他1990年代去過中國，印象很好。「iPhone是中國生產的」，他說，其時他正是用這品牌手機導航。在路上，這個二十年前從斯里蘭卡來英的男子會突然說：「你看，前面那個車的白色尾燈是中國生產的」。

事實上，你到倫敦後，就會發現，處處有中國的痕跡。我住在西北的哈羅。房東家的不少東西都是中國造。比如我屋裡有一臺東芝多合一電視機，居然帶DVD光驅，是1999年中國製造的，在中國卻很罕見。又比如家裡從宜家購買的家居用品（比如碗和我北京家裡的的一樣），不少都是中國生產的。我到ASDA超市購買微波爐用塑膠碗，仍是中國造。而中國的淘大醬油、李錦記老抽，在各大商場並不少見。

這都不算，在倫敦街頭，有不少旅遊紀念品賣，比如大本鐘、電話亭和皇家警衛的小擺件都產自中國。在服飾與食品零售品牌Marks&Spencer店裡，衣服是中國製造也就罷了，連女王像的小胸章也是中國造！

還有一個更典型的例子呢。在倫敦的最高建築「碎片大廈」（The Shard）亦是歐洲最高建築，登樓觀光門票價格近30英鎊。在樓下的導覽圖上，「胡同」兩字格外顯眼。位於33層的這家餐廳由Aqua Restaurant Group餐飲集團創辦人David Yeo打造，共設130個座位，供應新派中國北方地區佳餚。據說「胡同」的餐飲靈感取材自當年京城的宮中禦膳，主打素以海鮮及用醋而聞名的山東省「魯菜」。

其官網上的菜單顯示，有价貴菜名曰：「聖旨到」、「大紅燈籠高高掛」、「包青天」。亦有便宜的龍抄手10鎊、胡同擔擔麵8鎊。不知有多少中國人能享受這樣的高樓中宴？

除了產品、文字和餐館等無聲的中國印跡之外，在倫敦，流動並居的中國人則是這座城市不可或缺的風景。

如果你去逛街，會發現中餐館「紅滿天」的老闆說得真對：

「這幾年，華人太多了。在倫敦每個角落都能看到」。在倫敦市中心的Regent Street（攝政街），一家賣萬寶龍筆的商店，漢字提示：「節日快樂」，「此處購物免稅」。這或許說明客人中到底是中國人錢多。我看到，某支筆7000鎊，合人民幣近7萬元。而在奢侈品牌Burberry的專賣店裡，女士箱包外，一個年輕無比的中國帥哥在恭迎貴客，而其他服裝店裡也偶有中國售貨員。

我到倫敦的第二天，在Kenton的一家超市外拍照，一老外用普通話問我：「你會說普通話？」他叫Claus，從德國移居英倫，妻子從波蘭來。這對中年夫婦的普通話比我的英文水準高。他們都是基督徒，第一次就贈我中文簡體字版的《警醒》小手冊，封面專題讓我這個學傳媒的啞然失笑：「新聞媒體信得過嗎？」

第二次和Claus夫婦在咖啡館見面，他們的兩個千金也來一聚，都二十來歲。我才發現，Claus總是隨身帶一本中文簡體版的《聖經》，且熟稔至極；而她的大女兒隨身帶一張中國地圖，普通話水準堪稱中國普通話水準測試水準最高的一甲。我問她：學了多長時間中文，為什麼學？她的回答很意外：「學了七八年。這兒有很多少臺灣人。我要和他們分享教義，用中文當然更好」。

在我訪學的威斯敏斯特大學媒體、藝術與設計學院，研究生中至少四分之一以上來自中國（我的一個學生今年上研一），這和該學院有一個中國傳媒研究中心或許有一點關係。但在英國其他大學，求學的中國學子亦不少。

12月23日下午，我到大英博物館參觀，發現無論是一樓大廳

第二部　異域風情

1 1 9

還是中國館，中國人的密度讓人咋舌。因日本館在展春畫，據我觀察，其時中國人在所有花7鎊入場的參觀者中至少占到一半。一女生對另一女生說：「這樣的展覽在中國不可能吧」。

更傳奇的是，在一樓大廳，我居然遇到了今年剛畢業的本科學生琦，她是今年七月從北京到英國一座城市讀研，耶誕前和同來自中國的兩個同學坐兩小時車到倫敦遊玩。沒有預約就突然遭遇，極小概率事件，這只能說明：越來越多的中國人來了！

據2013年3月英國《華商報》報導，3月1日，英國官方公佈了中國大陸華人赴英簽證的統計數據，數據顯示，2012年英國在中國的各使領館共簽發491,130個簽證，比2011年的459,000個增加了7%。其中旅遊簽證（包括商務旅遊）在2012年達到216,240個，比2011年增加6%。有數據顯示，目前在英國留學的中國大陸學生達10萬人。

中國的貨物來了，中國的人們來了——前者走進了英國的千家萬戶，後者則有意無意與當地人進行了交集，在倫敦則成為33%外來人中的一部分。可問題來了，中國人來了，他們留下了什麼？

在耶誕節那天，房東Winie請我們三位中國租客吃飯，隨後聊天。我問她對中國是什麼印象？「以前是種大米、戴帽子的農民、貧窮。」她的丈夫Jimmy接著補充，「現在中國發展了」。我說中國人讀書時都知道英國工業革命，對英國歷史較瞭解，然後問他們中小學時是否學過中國相關的歷史。Winie說，「我們學世界歷史時，主要是歐洲史；印度史和朝鮮史也會有一些」。

事實上，就Winie家來看，電視的開路頻道裡是沒有中國

中央電視臺（CCTV），可半島電視臺、今日俄羅斯（Russia Today）卻有。當然，這只是一個倫敦家庭，但或是一個有代表性的縮影。從他們日常的收視看，本土的喜劇是看得更多的。在超市和書店售賣的圖書裡，你會發現中國題材的書要麼沒有，要麼在極不方便購買的角落裡（比如Kenton鎮中心的Waterstones書店兩層就沒有中國題材書籍；在查令路的Foyles書店有110年歷史，四層有中國主題專櫃，算最全的）。

在短暫的觀察中，我發現倫敦的媒體還是多持批評中國或防範中國的論調。最典型的是12月16日《每日郵報》封面頭條《Why Are We Giving China ￡27m In Aid?》（我們為何要給予中國2700萬英鎊援助？），批評英國首相卡梅倫向中國示好，理由是中國剛把火箭發身到月球且是一個經濟強國。

另一個例子是SKY TV 12月17日的頭條新聞是關於中國宗教信仰的報導。

　　所以，我們不要在路邊看到別墅的當家人在門前掛上寫有福字的紅燈籠時就過多聯想，一如我們看到貝克漢姆在身上的紋身居然有中國古諺「生死有命，富貴在天」，就以為中國文化怎樣怎樣大英帝國了。

David Beckham身上的紋身是漢字。
圖片來自網路。

倫敦市長Boris Johnson曾寫道:「中國文化（對世界）的影響近乎零,亦不會增加」。前半診斷至少接近事實。一個佐證是在各大音像店,中國電影人的影碟很少:在倫敦市中心超大的FOPP音像店,我看到的只有:李安的《色‧戒》、張藝謀的《十面埋伏》、王家衛的個人合集,賈樟柯的故鄉三部曲和婁燁的《春風沉醉的晚上》。蘇童的小說《米》（英文版）成為三層賣場裡唯一一本中國人寫的書。

還是王洛賓唱得好:「我和你是河兩岸,永隔一江水。」中國與英國之間,何止一江水,現代化的飛機直飛,也得11個小時,從格林尼治時間到北京時間,整整八個時區。

（說明:圖片除電視和報紙報導翻拍外,均來自網路）

Dec.13-26 2013, Kenton Lane, Harrow, London

參閱:

Boris Johnson saying:「Chinese cultural influence is virtually nil and unlikely to increase.」

（Boris Johnson:中國文化（對世界）的影響幾乎等於零,且不可能提高）

Chinese cultural influence is virtually nil, and unlikely to increase... Indeed, high Chinese culture and art are almost all imitative of western forms: Chinese concert pianists are technically brilliant, but brilliant at Schubert and Rachmaninov.Chinese ballerinas dance to the scores of Diaghilev.The number of Chinese Nobel prizes won on home turf is zero, although there are of course legions of bright Chinese trying to escape to Stanford and Caltech... It is hard to think of a single Chinese sport at the Olympics, compared with umpteen invented by Britain, including ping-pong, I'll have you know, which originated at upper-class dinner tables and was first called whiff-whaff.The Chinese have a script so fiendishly complicated that they cannot produce a proper keyboard for it.

Boris Johnson (2006), Have I Got Views For You, Harper Perennial Have, P277

把人當人

「噗噗噗……」「刷刷刷……」

當我上樓到房間時，聽到屋內響聲不斷。才幾分鐘，女房東Winie就開始在我的衛生間裡噴清洗劑、拿花灑猛衝。這個已經有了兩歲大孫子的老女人看上去沒那麼老，動作麻利、態度堅決。

倫敦Portbello古董街附近，牆面上的這宣傳畫引起一路人和我的注意。牆上是英國歌手Joe Strummer的名言：沒有人民，你什麼都不是。

她對我說得最多的話說：「Keep xxx clean」。實際上，我的屋子並不太髒，所以我疑心這位護士大媽有潔癖。一個例證是：A回中國了，B想從樓下換到A的房間，Winie說可以，但得等裝修完之後再說。B說可以不裝修。但這個倔強的女人說「Absolutely」。

每半月，我房間外的欄杆上就會放上乾淨的浴巾、床單、被罩。我對Winie說，一個月換一次就行了。她的回答是NO。

我猜想，我的讀者應該認為這個房東有問題，一如我剛開始的想法一樣。在倫敦出行一個多月，所見所聞讓我才釋然，不是Winie有問題，而是我們有點小問題。

記得我在2013年12月12日一下飛機，在機場邊檢時，見前面的中國人一亮護照就過了，可我一亮護照卻沒讓過。壯碩的女邊檢流利地說了一長串英語，我立馬就懵了，「Pardon」後再聽一遍也是懵的。她於是不再辦公，從小亭裡出來，帶我走了幾十米「健康檢查處」，再把程式說了一遍。服務之熱情，讓人感動。

在倫敦，公交（包括地鐵）出行當然是最方便的。而在我住的Harrow附近大街上幾乎看不到一輛計程車（當然，這跟要預約有關）。我剛到倫敦幾天就去Kenton站辦公交卡，黑皮膚的女工作人員很熱情，不過指著閃著屏的電腦說，不知道為什麼突然壞了。我面露難色。她熱情地說，「你可以坐一站火車到下一站去辦，就兩分鐘」。其時我一張卡也沒有，她補充說：「免費坐，然後再回來」。那一刻，我感到了資本主義的人性光輝：為他人著想。

當天下午，我需要到TSB銀行開戶。見路邊有一家銀行，就

進去問路。櫃檯裡辦公的一個帥小夥立馬停下手中的活兒，口說了一陣，見未盡其意，便說「稍等」。幾分鐘後，他讓另一個同事拿著一張穀歌地圖列印件邀請我坐在大廳裡的小桌旁細說方向。注意，這家銀行跟TSB銀行是競爭關係呢。

有時候想想，想要瞭解一座城市的文明程度，其實有一種特別簡單的方法，那就是在大街上或車上向一個陌生人求助。在倫敦，外來者最常做的事就是問路。在我的多次問路經歷中，得到的都是熱情的回答。你會經常看到對方拿出手機來，向你確認或為你查找，而很多時候，他們也在趕路。有時候，你問的是屋內人，對方有時會走出來，認真為你指方向。

為什麼會這樣？這種我們曾經熟悉的人際關係雖在中國大陸不常見了，卻怎會在倫敦等海外城市延續著呢？我想了很久，覺得它其實就是服務意識，即「人人為我，我為人人」。而其背後更深層的理念是：把人當人。

「把人當人」當然不是虛的，而是實打實的。比如，在倫敦，幾乎看不到斑馬線的，但有紅綠燈，且有專為路人設計的按鈕。非常方便。一旦路人通行綠燈一亮，機動車往往大老遠就停下來。同樣，在沒有紅綠燈的路口，常見的是機動車等待行人通過。這其實就是「把人當人」的態度表達。

此前有新聞稱，2009年11月，英國倫敦市斥資500萬英鎊在繁華的牛津廣場劃分修建出新型「對角線型」人行道，車輛停下時行人可以走對角線直達目的地。倫敦市長鮑裡斯·詹森表示，希望此創舉能有效緩解倫敦地區交通擁堵的情況。但明眼人能看出，還是行人優先嘛，這用的可不是小錢。

在倫敦街頭，騎自行車的人不多。我一上網查，最便宜的自行車都要50多鎊，相當於人民幣500多元。這當然比中國貴。但倫敦交通費來說，也不算太貴（50鎊也就能坐公交地鐵連續出行十天）。那為什麼少人購買和騎行呢？後來，我在中國駐英使館教育處拿到一本《留英生活指南》，才明白了。上面這樣寫著：

> 如果你打算在英國騎自行車，可能的話可以參加「熟悉在英騎車情況的課程」。這些課程有時由地方當局提供。他們將告訴你如何安全地騎自行車，因為在英國大部分城市沒有自行車專用道。此外在英國騎自行車，你可能會被要求穿戴全套的防護用具，包括騎行服、頭盔、照明燈等等。一旦被交警發現你的設備不符合規定，特別是在交通繁忙的地區，你可能會面臨不同程度的處罰。

正如上述文字說的那樣，我在路上偶見的騎行者，確是全副武裝的。相信看了介紹，沒幾個到英國的中國人想去租，更不要說買自行車來騎了。我猜想英國人和我們想的一樣：太麻煩了，還危險。

其實這一舉措看起來特別無理：你管人家怎麼騎自行車呢？人就不想買裝備，怎麼着？但換位想：人是不能把生命當玩笑的。所以，制度設計上來說，認可了人的生命是一次性的。

今年1月，英國報章有一條新聞標題是：《瘋了……一司機雙手抱頭開60邁：影像為證》。

看起來，這哥們是在炫技，似沒啥錯。可是英國的員警卻不是這樣想的，罰他禁駕12個月。顯然，當你不把自己的生命當回事時，別人可當回事了。更何況，這樣的行為可能報銷他人的生命。

有時候覺得為了一個人的生命，祭起一些大棒政策，似有些誇張。但實際這也是有內在邏輯的。我最近讀到的一本探討工業社會的書裡，社會學家Heber Spencer（1820-1903）認為分化、整合是它的重要特徵：因為會計、牧師、清潔工、教師、礦工等因商品或食物而相互依賴，所以他們就在世上有機地聯繫在一起，而非機械性的關聯。

從這個意義上說，因為工業大生產的發展，資本主義社會就發展成了一個有機社會，伴隨著的是文明程度的提高。

1月18日，愛丁堡失蹤的3歲男孩Mikaeel Kular的屍體被警方找到。前幾天報導稱被母親弄失蹤後，員警和當地的志願者共數百人在加入尋找隊伍。而蘇格蘭首席部長Alex Salmond聽到屍體被找到後說，「這一新聞讓我們都心生恐懼。蘇格蘭內外的每一個人這幾天都糾著心」。而在當天上午，BBC、ITV等電視臺都對屍體找到進行了直播，更誇張的是，還動用了直升機！

這是現實版的《拯救大兵瑞恩》，只不過是和平時期的拯救與尋找。而不顧代價的背後是浸潤於社會每個細胞的人本主義。

反觀中國國內，顯然不是這樣的：某地發生礦難，死了幾十人，你有見過幾次直播？所以我曾在2013年1月2日在社交媒體上發了如下感慨：

在國王學院的Guy's Campus，校園內花園裡的一張凳子，刻著思念。在倫敦，不少建築上都刻有曾居住者的名字，以示紀念。

#新聞價值觀#在全球化、網路化的年代，是不是新聞價值要改一改？比如重要地點發生的是新聞，不重要地點發生的就不是新聞。真應該宣導全球同此標準了。比如一鄉村有學生被殺，與北京一學生被殺，其新聞價值是一樣大，全國都按頭條對待……北京下暴雨淹死人，與重慶鄉村下暴雨淹死人，同等重要。

到了倫敦後，這樣的理念實際早已實現。正是因為有「把人當人」的基本理念，我們會輕易發現，倫敦真是一個雜居城市：它是全球文化最多樣的城市（說300多種語言），而30%多當地

人不是在倫敦出生的。

在城市，你可輕易看到大量印度人、華人。我居住的哈羅，就有大量印度人開的速食店，而中餐館也有好幾家大型的。我去住處附近的一家超市，售貨員說他來自Bangladesh（孟加拉國），已經在倫敦工作了五年（中國人應很難能拿到這麼久的低收入工作崗位簽證）。認識的另一個朋友，則是2006年從波蘭來倫敦工作，原因是「這兒收入是波蘭的四倍，物價卻只是兩倍」。歐洲其他國家，英國曾經的殖民地（多為英聯邦Commonwealth of Nations成員），到英國來彷彿玩似的。而他們不少人從此安居在英國。

在倫敦這座城市裡，於是，你能看到，開公車的、地鐵服務員中不少是黑人，而在BBC，晨間、日間和晚間的主播都有黑人。香港的李嘉誠更是標杆。據媒體報導，近三年來，其子李澤鉅操刀已向英國投資1300多億港元，掌控了英國水、電、氣三大基礎產業，英國人稱他「幾乎買下了英國」；而在整個歐美地區他更是砸下了超2000億港元的投資。

這都不算。你去看看英國女王的條目，感覺真是雜亂（國別、背景）成婚，比如維基百科「維多利亞女王」中的這條介紹：

> 維多利亞的父親是肯特與斯特拉森公爵愛德華親王，他是當時英王喬治三世的第四子。她的母親是肯特公爵夫人薩克森－科堡－薩爾費爾德公主維多利亞，是一位德國公主。公爵夫人的兄弟是比利時第一任國王鰥夫利奧波德。肯特公爵在1818年與肯特公爵夫人結婚，他們的唯一子

女，維多利亞於1819年5月24日4點15分在倫敦肯辛頓宮出生。

而「伊莉莎白二世」條目的介紹是：

她出生在倫敦外祖父母的家中，她的曾祖母是來自丹麥的亞歷山德拉王后，祖母是瑪麗王后。她的父親當時還是約克公爵，10年後成為國王喬治六世。

從皇室來說，婚姻往往要跨國別，更不要說普通百姓。這從另外一方面佐證了人人平等（而非以國別、身分視人）。當然，平民出身的凱特能成為當代王妃更有說服力一些。

於是，在倫敦生活，「和諧社會」或是較精準地概括。這一概念在中國算是廣為人知的政治話語，在倫敦，卻是它真實的顯影。

比如，GP註冊（General Practitioners意為全科醫生）就是英國國民健保制度（NHS，National Health Service）尊重個人的表現。即使中國不是英國的「醫療互惠國」，但只要在英國學習或居住滿六個月以上，就可免費登記註冊。而看病是免費的（牙科等除外），按處方購買藥須付費。這和美國有很大不同，在英國訪學和旅遊，一般都不用掏錢去購買醫療保險和意外傷害保險（因為治安良好）。

此外，「把人當人」一系列的表現還有：在銀行開戶，除了需要提前預約顯得比較麻煩（換位想，亦是節約客戶的時間）

外，服務是一對一的（對方從櫃檯裡出來，坐在大廳裡專為你服務）；在公車上，亦專門有紅色STOP鍵，到站前方便乘客提醒司機停站；公車站牌上更有文字提示，想要瞭解此趟公交身在何處，發短信可知；在你購物或消費後，「謝謝」之聲總是會送給你。

除了態度，「把人當人」其實也是有溫度的。比如2013年12月31日，數萬人在泰晤士河畔看跨年煙火表演。散場後，一大景觀是遊人與現場的員警們合影留念，他們是來者不拒的。而1月1日淩晨的地鐵、公交（不少是通宵）都是免費的，方便那些在新年淩晨回家的人。

在倫敦，最大的連鎖書店Waterstones（水石）有一個非常好的舉措，就是店員們對值得推薦或說明的書，手書意見和建議，還簽著自己的名字。這樣的服務很有個性，亦有溫度。

當然，在倫敦，並非處處是到位的服務。比如，公交站牌上的站名往往少寫了很多（官方解釋是公交站牌很小，但站太多）。地鐵路線圖在每個地鐵站都贈送，且每隔幾月更新（主要是各站的營運時間有變），但部分標注還是有問題（如Watford Junction標注為Overground的終點站，其實不是的）。

又比如2013年年末，英國遭遇大範圍洪災，13萬戶受災嚴重，而在耶誕節前後有15萬戶斷電。而斷電的一個原因是電力公司很多職員放假過耶誕去了，電話報修中心根本招架不過來。一個受災戶說：「我每兩小時打電話給電力公司，但沒有任何回覆」。《獨立報》旗下的報紙《I The Essential Daily Briefing》在2013年最後一天用了黑底白字封面大頭條，題為「Power Blackout

Bosses' Profit Bonanza」（電力公司停電，老闆們卻富得流油）。
李嘉誠的照片赫然在目，導讀第一條就是：李嘉誠用1.35億英鎊
購買電力公司，掙了10億英鎊，還解雇了工人。

　　還記得在今年一月，另一家媒體報導，一人發病撥打999急
救電話，卻是三小時車才到，但人已經死了。這人住在鄉下。刊
發的報導中有猛烈的批評意見。

　　舉這些例子只不過說明，世界不是那麼完美。——可不是
嗎，天堂裡，你還得被上帝監視著。——但從另一個角度看，當
這個社會中發生了不把人當人的時候，媒體和公眾就應該站出
來吶喊、控訴。這一月來最猛烈的一個例子是：黑人青年Mark
Duggan於2011年8月4日Tottenham被員警開槍打死，當時他身上
並沒有武器。而今年1月，警方宣稱他是合法打死的（lawfully

killed），於是抗議、遊行連續多天通過BBC、報章呈現出來。首相卡梅倫不得不站出來喊話：「請大家尊重司法」。

　　現在，我們終於可以理解我的房東的那些看似奇怪的行動了吧。她不過是認為，你應該過更潔淨的生活，就像其他人一樣。

　　可是，「把人當人」，四個字，或許耗盡許多輩人的一生，仍只是一個口號而已。

2014.01.06-18

31 Kenton Lane, Harrow, London

女王，有何用？

　　我和她最近的距離不超過50米。那是2014年6月4日上午，在倫敦特拉法特廣場南側的白廳（White Hall），看著她的馬隊從白金漢宮出來後途經此處，奔向議會大廈。全程高度戒備，巡警們真槍實彈，但圍觀的人若要扔石頭，也應有夠短的距離達到目的。因為她坐在馬車的右側，等她二、三十分鐘折回，我看到白衣的她向民眾揮手。我的相機證明了這一刻。

那一刻，她88歲，我39歲。一個訪學英國的中國平民，一個眾多傳奇在身的女王（在位時間最長，最高壽的君王……），在倫敦的街頭，居然可以互見。

　　只不過，女王伊莉莎白二世的派頭確實不同凡想。且不說她那壯觀的皇家馬隊（Horse Guard），單她乘坐的這輛黃金馬車就有說頭：由澳大利亞人吉姆設計，50名最優秀的工匠花費10年時間才完成。馬車上的黃金比英國近200年來製造的任何其他車輛上的黃金都要多。這輛馬車被稱做「時空機器」和「移動的歷史博物館」。比如，車身使用的木料包括牛頓發現重力的那棵蘋果樹木料等。車門上的木料來自英國各地名勝古跡，包括倫敦塔、威敏寺和肯辛頓皇宮等。

　　Richard，一個和我同歲的蘇格蘭人（我於2014年9月在高地報團遊玩的導遊）就對英國皇室憤憤不平：「他們就是吸血鬼，錢都是我們這些納稅人的。威廉王子和凱特結婚，花了2000萬英鎊啊！除了花錢，他們有什麼用？」他向我抱怨時，蘇格蘭正要舉行全民公投，選擇獨立（YES）或維持現狀（NO）。Richard是堅定的YES派，在自己開的旅遊大巴車身上貼著大大的YES。

　　實際上，即令是英格蘭人，也會有不少人對皇室的存在持強烈質疑的態度。2014年，英國國會議員們就公開喊話：英國皇室應該少花些錢，少聘用些人。女王一家作為世界上最知名的家庭，在2012-2013年花了7450萬美元，超過預算380萬美元（洛杉磯時報2014年1月28日報道）。

　　在這些花銷中，大多數來自政府財政每年撥付的巨額王室津貼（Sovereign grant）。2012年4月1日，《英國王室津貼法案

2011版》（Sovereign Grant Act 2011）開始實施，公開資料顯示，
津貼每年都在上調（2017-18大幅上漲是因白金漢宮要整修），而
且這些津貼不過是皇室花銷的一小部分：

年份	王室津貼（百萬英鎊）	年增長（%）
2012-13	31.0	
2013-14	36.1	16.5
2014-15	37.9	5
2015-16	40.0	5.5
2016-17	42.8	7
2017-18	76.1	77.8

資料來源：wikipedia「Sovereign Grant Act 2011」詞條

　　對英國皇室公開表示不爽的聲音中，最有名的或許是倫敦本
土的朋克樂隊性手槍（Sex Pistols）。1977年，正是現任女王伊
莉莎白二世登基25周年紀念（Silver Jubilee），該樂隊於5月27日
推出《天佑女王》（God Save the Queen）單曲，歌名同英國國
歌（也是英聯邦國家國歌）。只不過，歌詞的意思卻全反了：

反對君權──性手槍樂團
《God Save The Queen》

〈God Save The Queen〉
Sex Pistols

God save the queen　　　　　天佑女王

the fascist regime　　　　　這個法西斯政權

they made you a moron　　　他們把你變成一個笨蛋

a potential H-bomb !　　　　一顆潛在的氫彈！

God save the queen　　　　　天佑女王

She ain't no human being　　她不再屬於人類

there is no future

in England's dreaming　　　　英國夢裡沒了未來

Don't be told what you want　不要說你想要什麼

don't be told what you need　也不要說你需要什麼

there's no future no future　　你沒有未來，沒有未來

no future for you　　　　　　你沒有未來

God save the queen　　　　　天佑女王

we mean it man　　　　　　　我們說的是真話：

we love our queen　　　　　　我們愛女王

god saves　　　　　　　　　　上帝保佑

God save the queen　　　　　天佑女王

cos tourists are money　　　　只因我們都是她的金主

and our figurehead
is not what she seems 　　　　　　我們的虛君不是她那樣

Oh god save history 　　　　　　　天佑我們的歷史
god save your mad parade 　　　　天佑女王熱情檢閱
Oh lord god have mercy 　　　　　上帝如此仁慈
all crimes are paid 　　　　　　　所有的罪過都會贖清

When there's no future 　　　　　當我們沒了未來
how can there be sin 　　　　　　怎麼會有原罪？
we're the flowers in the dustbin 　我們是垃圾桶裡的鮮花
we're the poison
in your human machine 　　　　　我們是你人類機器中的毒
we're the future 　　　　　　　　我們是未來
your future 　　　　　　　　　　你的未來

God save the queen 　　　　　　　天佑女王
we mean it man 　　　　　　　　　我們說的是真話：
we love our queen 　　　　　　　　我們愛女王
god saves 　　　　　　　　　　　　上帝保佑

God save the queen 　　　　　　　天佑女王
we mean it man 　　　　　　　　　我們說的是真話：

there is no future

in England's dreaming　　　　　　英國夢裡沒了未來

No future no future　　　　　　　沒有未來，沒有未來

No future for you　　　　　　　　你沒有未來

No future no future　　　　　　　沒有未來，沒有未來

No future for me　　　　　　　　我沒有未來

No future no future　　　　　　　沒有未來，沒有未來

No future for you　　　　　　　　你沒有未來

No future no future for you　　　　你沒有未來，你沒有未來

　　該專輯的封面和歌詞當時都引發了爭議。BBC和獨立廣播委員會（Independent Broadcasting Authority，英國商業廣播和電視臺的監管機構）都拒絕播放該歌曲。但歌曲表達了對勞動階級的同情和對君主政體的憎恨，顯然民意基礎足夠強大，所以在1977年英國單曲排行榜上最高時曾名列第二。

　　可是且慢，對女王懷好感的也不少。這從每次她公開亮相的群眾反應總是可以看出來的。就像我看到的那次，是女王每年英國議會開始前的例行演講，沿途圍觀者眾多，雖然有如我這般好奇之人，但並沒有看到抗議標語之類，足見擁躉眾多；議會例行演講及耶誕（或新年）電視演講，英國廣電媒體直播加滾動新聞，報章亦大幅報導。當然，喜歡騎馬的女王總喜歡攜王室成員出席一年一度的英國皇家愛斯科賽馬會（Royal Ascot, 1711年由安妮女王創辦），一大特色是女士們比拼帽子衣裝，女王的服裝

與帽子也成為人們關注的焦點。在與民同樂時，她不過是一個滿心歡喜的老太太。

當然，這個老太太並不普通，她實際上是大英帝國的歷史與現實。英國現行的君主立憲制源於1688年的「光榮革命」（Glorious Revolution），當年英國資產階級和新貴族合力，致詹姆士二世下來，擁立威廉為王，是為不流血的革命。1689年，英國議會通過了限制王權的《權利法案》，國王統而不治，國家權力由君主轉移到議會。

因此，英國王室至今仍然存在，全因有這一段妥協的歷史。雖然王室沒有實權了，但仍有很強的象徵意義。比如，女王現在是英國以及其他15個英聯邦國家的首腦。

無數人都會質疑，一個民主國家，要王室幹嘛？費錢啊。美國政治學者李普塞特（Seymour Martin Lipset）作了一個可信的分析。他把從貴族君主政體向民主共和國過渡的國家梳理後發現[1]：

「在這種過渡時期，凡主要的保守團體的符號和地位沒有受到威脅，即使它們失去了大部分權力，民主反而更有把握的多。於是我們有這樣奇怪的事實：歐洲和英語系12個穩定民主國家，有10個是君主政體」。

在英國，雖然女王是虛君，但其一言一行卻有非凡的影響。比如，2014年9月，蘇格蘭獨立公投如火如荼，18日是公投日。

[1] 李普塞特：《政治人：政治的社會基礎》，張紹宗譯，上海世紀出版集團上海人民出版社2011年版，P48

女王和其他王室成員14日在蘇格蘭巴爾莫勒堡（Balmoral Castle in Aberdeenshire）度假時參加禮拜活動，走出教堂後與等候在外的民眾交談。雖然白金漢宮9日曾說，女王超脫政治，不會就蘇格蘭獨立公投發表講話，但14日她對民眾說：「我希望大家非常慎重地考慮一下未來。」（「I hope everybody thinks very carefully about the future。」）

英國媒體認為她實際上在暗示，希望蘇格蘭留在英國。在投票日前後，實際上她住在蘇格蘭阿伯丁的上述城堡。公投結果顯示，蘇格蘭留在英國，女王隨即發表長篇聲明，稱經過獨立公投，蘇格蘭和英格蘭會因「相互尊重和支持」的精神而成就聯合王國。她還坦承，「今天，在蘇格蘭和其他地方，在家庭裡，朋友間和鄰里，都會有強烈的感受和截然不同的情緒，但這就是我們在這個充滿活力的國度裡共用民主傳統使然」。

末了，女王說，「我和我的家人會盡全力幫助和支持大家基於共同理解和支持而建設蘇格蘭和整個英國的未來」。

2016年6月23日，時任首相卡梅倫發起的「英國是否退出歐盟」（即Brexit Referendum）正式公投。而在3月，小報《太陽報》頭版刊登《女王支持退歐》。而卡梅倫本人是支持留歐的，而他與女王關係密切，所以這一報導引發爭議。消息來源是匿名的，而且一些當事人也否認相關報導。白金漢宮則媒介監管部門申訴，並重申女王的「政治中立」態度。

2012年6月4日，美國《時代週刊》曾以《鑽石女王》（The Diamond Queen）為題對英國女王做了一期封面報導。報導中提到：「女王對政治有興趣，但並沒有明顯的黨派傾向。從邱吉爾

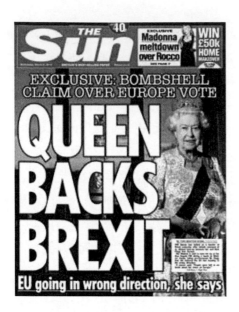

當首相起，她每週都會和在任首相會晤。不過，雙方從不透露具體的議題」。她或許充當了高級智囊的作用。女王已經同12個首相共過事，布萊爾盛讚其「精明和有歷練」（streetwise），而卡梅倫則驚歎她對其他國家的瞭解程度。

　　除了當「資政」，女王還有更重要的角色。如果我們關注女王多次演講的內容，你會發現主要有兩類主題：一是在一年一度的議會開幕演講，主要是為政府當年的工作進行說明；一種則是在節日、紀念日或重大活動上的演講，則多為英聯邦價值觀或共識的宣導。

　　前者如2015年議會女王的開幕演講，「My government will......」是常用句式。其中，特別提到「My government looks forward to

an enhanced partnership with India and China」（我的政府期盼加強與中國、印度的關係）。後者如女王在2014年耶誕廣播演講，當年適逢蘇格蘭公投事件「reconcilation」（和解）成為多次出現的關鍵字，並自陳耶穌的故事教會她「respect and value all people of whatever faith or none」（尊重和看重所有人，無論他／她有什麼樣的信仰或者沒有信仰）。

　　所以，女王的存立不只是英聯邦歷史的傳統，也是其價值觀的鮮活載體。她不只宣揚民主、法治、和諧等普世價值，還是美德的化身。不然，納稅人何以要供養虛君？

　　這就難怪，四年一屆英聯邦運動會（原名為英帝國運動會，British Empire Games，始辦於1930年），15個前英帝國殖民地國

> The Christmas truce of 1914 reminds us even in the unlikeliest of places, hope can still be found."
>
> Queen Elizabeth II

BBC NEWS

2014年耶誕演講中，女王説：1914年的耶誕節休戰提醒我們，即使是在最不可能的地方，希望仍然存在。

家或附屬國都會派員參加（包括加拿大、印度、新加坡，回歸中國後的香港不再參加）。在一些國家的人看來，歷史上淪為殖民地是奇恥大辱，怎會去參加殖民國的活動？

但有意思的是，這些英聯邦國家並不以民族主義的旗幟抵制，而是欣然參會。英國王室成員到英聯邦國家出訪，無論是規格還是迎接的熱情，都是可圈可點的。

作為一國之君和英聯邦首腦，女王的痕跡或影響在英國民眾的生活中隨處可見：比如英國的土地屬於女王所有，英國的房產產權分為永久產權、租賃使用權兩種，租賃的最長租期是999年；英鎊的硬幣和紙幣上，女王永遠是年輕的封面女郎。而在倫敦的大街上，包括女王和王室其他成員的照片製作成的明信片，也成為重要的旅遊商品。

愛這個世界　雖然它不夠完美

146

　　在北愛爾蘭的首府貝爾法斯特，如果歷史上沒有女王，Queen's University（女王大學）永遠不會出現了。無論學校、醫院、公園還是街道，用Queen命名也是尊重歷史的表現。

　　從另外一個角度，女王以及身後的王室其實也是英國民眾重要的談資。女王照片、漫畫在媒體和互聯網上不少見，她的故事也成為不少圖書的素材。2006年，一部名為《女王》的電影上映，海倫·米倫飾演女王。該片講述戴安娜王妃因車禍去世後女王的應對。

　　當然，王室成員永遠是英國小報的熱點追蹤對象。2012年8月，《太陽報》用了近半個頭版登載了哈裡王子的裸照。通過報導王室的「醜聞」，增大的報紙銷量，從另一方面也是代表納稅人監督王室的言行。默多克旗下的《世界新聞報》曾是百年大報，卻在2011年07月10日刊發最後一期後停刊，主要原因就是竊聽醜聞引發全社會不滿。該報甚至大膽到竊聽王室，闖了法律的

2014年8月27日，荷蘭阿姆斯特丹，地鐵報《METRO》用了一整版刊登形象廣告。英國女王成為一位騎普通單車的鄰家大媽。

紅線。

　　當然了，王室也要守法。不過，女王彷彿有超級權力。一個網友在英國LBC電臺官網上問了一個問題：

　　「如果女王開車撞死了一個人，她會被判有罪嗎？」

　　回答是：「不會。因為女王沒有駕照，全英的駕照都由她簽發」。

　　當然，英國女王不是神，她首先是一個人。如果有什麼問題或要求，可以寫信給她，這是她的地址：

Her Majesty The Queen

Buckingham Palace

London SW1A 1AA

　　在你寫信時，抬頭應該寫「Madam」。且慢，一代傳奇女王，90高齡，為回信給你？你算老幾？你以為她是你的村長？

　　好吧，我告訴你一個例證：2016年1月，雲南昭通一中高三464班的馬思雯、鄒唯剛收到了一封英國女王伊莉莎白二世的官方回信，這讓許多小夥伴羨慕不已。

　　2015年9月，這兩個「異想天開」的高中生去信女王，除介紹了自己外，祝賀女王成為在位時間最長的君主，誠邀女王來昭通做客，並請女王包涵信件中的語法錯誤。

　　在女王工作人員的回信中透露，女王對孩子們的貼心問候表示感謝，稱很高興聽到思雯告訴她關於自己和家鄉的事，對昭通很感興趣，希望能再次收到她的回信。

　　馬思雯說，當時寫完信，身邊有人說女王根本不可能收到，也有人說簡直是異想天開……

　　2017年，南京小學生收到女王官方來信；2018年，浙江嘉興的初中生收到女王官方回信……

　　當然，現在，你應該對女王的印象好了不少吧？

2016.06.18

2018年9月修訂

看得見的善

——從英國的慈善店說起

「唉呀，那些東西相當於白送的，太便宜了。真搞不懂」。

在讀研究生S同學曾在倫敦的一家慈善店當義工，談起貨物的定價，有些困惑：一本書常常是99p，不到10元人民幣。要知道，在英國，最便宜的新書也得99p（彷彿是企鵝圖書出版的小書，類似單行本，比如奧威爾的《Politics and the English Language》的定價就是99p）。

事實上，在英國，無論是城市，還是鄉鎮，慈善店是標配。在英國的最西北、北愛爾蘭的Derry，在蘇格蘭高地上的Portree，在威爾士的Cardiff，處處可見。更不用說倫敦了。

以我租住附近的Keton路為例，離哈羅鎮還有幾站路，就有三家慈善店，最大的一家是St.Hospic（救濟院），其發起機構在附近還有一家有護理的安養院。而在哈羅鎮，至少有四家慈善店。

慈善店的發起方和目的各不相同：發起者如英國紅十字會，癌症協會，也有Oxfam（樂施會）等公益機構；他們有的是為相關病人籌款，有的是為自己開辦的安養院募集資金。更讓人驚訝的是，一家名為PDSA的公益機構也開設了慈善店，致力於為醫治寵物籌款（因為一些家庭雖養有寵物，卻負擔不起看獸醫的費用）。

當然，慈善店售賣的物品也是多種多樣。綜合店賣家具、自行車、畫、書、碟和衣服等，而在專門店中，只賣服裝或者圖書。

我剛到倫敦時，對這些慈善店就很感興趣，經常去逛，購買一些圖書、黑膠唱片或小工藝品，也有一些新發現：這些貨品都是居民捐贈的，但服裝都處理如新，售價極低。一件西服也就三四英磅，相當於兩瓶礦泉水；維持店面運營的多是義工，收銀員、隨車收貨員均為招募而來，有老年人也有青年人；實際上不少店都在High Street（商街），位置很好，租金當然不算低（會有一定的優惠）。但它們實際上是一個重要窗口，亦可接受捐錢捐物。

英國慈善店的數量之多，令人咋舌。有數據顯示，在英國和愛爾蘭商街開設的慈善店超過9000家。Oxfam在全英有超過700家門店，其中最有名的是圖書店。我在蘇格蘭首府愛丁堡拿到的一張慈善店地圖顯示，這座50萬人的城市，居然有一百多家慈善店。

在哈羅鎮Kenton路附近的一家小慈善店，我曾與收銀員——一個銀髮老太聊天。她說自己曾經在對面的St.Hospice店做了十多年的義工。她很自豪地說，「慈善店是英國獨有的，在歐洲其他國家都沒有」。

但實際上不是的。比如Oxfam在德國、荷蘭也有慈善店，在愛爾蘭有45家店。

另外，不少人對慈善店或許有一些誤解：

一是「英國幾百年前就有慈善店了」。其實不是的。在二戰中，慈善店才興起。1941年，英國紅十會開了第一家慈善店；

Oxfam直到1948年才在牛津正式運營第一家慈善店.

二是「慈善店只賣二手貨」。不盡然。一些慈善店也賣專門定制的新產品，一些店也會進些過季商品或尾貨來售賣。

剛開始逛慈善店時，我以為逛的人可能都是窮人。後來發現不是的。逛慈善對很多人來說像是一種生活方式：有的把家裡的閒置物品送過來，挑買一些自己需要的東西。這樣既幫助了人，又省了錢。對環保主義者來說，購買二手物品或他人閒置的物品，也可減少對環境的破壞。

在英國，與慈善店遍地開花相似，教堂也是多見。人們可以週末或耶誕節到教堂禮拜，也可參加一些教會組織的活動。在我看來，教堂是側重形而上的、精神上的「善」實際上是「看不見的善」，而慈善店則是生活中「看得見的善」。因為慈善店就在你家或社區附近，每天都可能與你交集。從一個孩童記事起，就會有捐贈或低價購買他人捐贈物品的記憶。

在英國，「看得見的善」又何止是慈善店。不定期的，郵遞員會把募集衣物的傳單與郵件一起遞進屋內，「拯救一個生命」的紅字很顯眼。你去坐地鐵，沒有電視可看，窗戶上方張貼的是為非洲缺水地區捐款的公益廣告；翻開報紙，打開電視，類似廣告也有不少。你只需發送短信，選擇月捐5英鎊，就能改變很多人的命運。

在麥當勞餐廳，點餐臺也有捐贈箱，讓慈善隨手可做。在大型超市Sainsbury's入口，有專門的自動捐贈機，你可以把硬幣投入，然後列印有精確明細的收據。

與歐洲大多數國家不同，除特展外，英國的博物館和美術

館是免費的。也就是說，你可一分錢不帶，也不用證件，就可以免費到大英博物館逛一天，也可以到國家美術館與梵高的《向日葵》幾乎零距離面對面。當然，博物館和美術館入口處總會有一個錢箱，上書「Donation」，並友好地建議你捐5英鎊。

　　但是，這種免費的「奢侈享受」並不是無代價的，衛報就曾報導，雖然進博物館或美術館是免費的，但英國的納稅人為你買單了，一張門票大約價值40英鎊左右。

　　「貢獻自己一份力，讓世界更美好」可以說在英國社會是共識。在倫敦Baker street東南不遠，Wallace藝術館有兩三層樓，還有後花園，免費向公眾開放。這個Wallace家族幾代人收藏了無數藝術珍品（包括魯本斯好幾幅油畫），卻在1997年無償捐給了

國家。

　　我訪學的威斯敏斯特大學，明示自己的一個慈善組織（Charity），接受公眾的捐贈。

　　當然，不只是平民在行善，社會名流更要通過行善提升自己的形象。衛報有專文介紹《尋找名人物品的最佳慈善店》，貝克漢姆夫婦曾向英國紅十字會旗下的一家慈善店捐贈箱包和衣物。

　　就連女王也不例外，除了向慈善店捐物品外，還專門有基金會。Queen Elizabeth's Foundation（QEF）以伊莉莎白女王命名，已成立80多年，致力於幫助殘障人士自立和更好地生活。兩代女王是基金會的贊助人，曾多次親臨訪問。

　　同樣，查爾斯王子（Prince Charles）對公益更加熱心。美國時代週刊2013年11月刊的封面人物就是他，大標題是《被遺忘的王子：查爾斯悄悄擔起重任》（The Forgotten Prince: Inside Prince Charles' World As He Quietly Takes Charge）。其中的重任，就是指通過慈善改變他人命運，讓世界更美好。

　　時代週刊的報導透露，他不僅僅是428個慈善組織的贊助人，多年來，他還自己創建了超過25個慈善機構，甚至連他的下屬都不能悉數具體數字。此外，還有威爾士親王慈善基金會，注重社區建設，關注居住的品質。

　　查爾斯王子的第一個慈善組織王子信託基金創建於1976年，花了一段時間才找到該基金的核心目標。在37年裡，王子信託基金已經給65萬年輕男女以經濟和實際援助，讓他們創業或開始奮鬥。信託基金提供的1500英鎊讓16歲的伊德瑞斯·艾爾巴加入了英國國家青年音樂劇場，他以行動回報了這份信任，出演熱門電

視劇《火線》、《路德》以及即將上演的曼德拉傳記《漫長自由路》；憑藉2000英鎊的貸款，1986年，詹姆斯·薩默維爾與別人共同創立了設計公司Attik，最終該公司賣給了廣告巨頭電通集團。薩默維爾現在是可口可樂全球設計副總裁。

查爾斯王子的已故前妻戴安娜更是慈善的代名詞。1987年6月，戴安娜將她所拍賣的79件服裝所得350萬英鎊，全部捐給慈善事業。她生前還曾計畫與情人Hasnat Khan在他的祖國巴基斯坦建立一個心臟病慈善醫院。兩人曾想移居巴基斯坦，作為心臟外科醫生的他在慈善醫院工作，而戴安娜則為婦女慈善機構工作。

從隨處可見的慈善店到全民參與慈善的總動員，我一直疑心這與宗教信仰有關，也和文明質素有關。「看得見的善」正是有

了共同的參與，才讓它成為一種生活方式。

　　一個「善」字，成為和諧社會的潤滑劑：通過慈善店，籌款活動，搭建了不同職業、不同年齡和不同階層之間交流與聯繫的平臺；更重要的是，它培養了公民意識和全球意識。

　　我猜想，如果有一天，你到英國實地看了慈善店，花80英鎊購買了一架木質鋼琴，花50英鎊購買了一臺黑膠唱機，1英鎊購買了《泰坦尼克號》錄影帶或一本小說，或許會滿心歡喜，然後會想：

　　「在我的國，也該學習這種模式，讓 '看得見的善' 就發生在身邊」。

參閱：

Why charity shops are good for the high street[1]

　　（以英國紅十字會慈善店為例，談為什麼慈善店對商街是好事？）

　　1. 拯救生命（Lifesavers）：英國紅十字會的300家慈善店每年淨利潤為500萬英鎊，幫助了數千英國和其他國家需要幫助的人。

　　2. 特價商品（Bargains）

　　3. 逛商街的一個理由（A reason to visit the high street）

　　4. 豐富商街鋪面（ Space fillers）

　　5. 培養社區意識（A sense of community）

[1] 原文網址：http://blogs.redcross.org.uk/fundraising-and-events/ 2011/11/why-charity-shops-are-good-for-the-high-street/

6. 豐富年輕人的履歷（Opportunities for young people）： 通過做志願者的方式。

7. 環保之選（The green alternative）：通過捐贈與購買，節約資源。

8. 慈善的廣告平臺（A winning advertisement）

9. 很時髦（Stylish shops）

10. 更人性化（Humanity on the high street）

自由而多元：

英國媒體的樣態

「為什麼英國太陽報天天登三版女郎，民眾沒有反對意見？」

2014年4月的一天，我在威斯敏斯特大學旁聽傳媒專業研究生課程，課間向任課老師提問。

他擺擺手，說：「有人抗議過啊。但基於出版自由，照樣登」。

所謂三版女郎，是英國通俗小報太陽報拍攝半裸照片的女性模特。這些照片通常在該報第三版刊登，這些模特因此得名。三版女郎的選擇一般要求是年輕，美貌，身材性感，而形象比較平民化。

三版女郎第一次出現在太陽報是在1970年11月17日，在其同名官網出現則是1999年6月。太陽報的讀者以藍領勞工階層的男性為主，因些三版女郎成為報紙的亮點。在英國的市場上，太陽報是發行量最大的報紙。

不過，對於三版女郎，民間（尤其是女權人士）反對聲音也不小。事實上，「三版女郎」在上世紀70年代推出後立刻受到女權主義團體和保守分子抗議，工黨議員克萊爾・薛特曾在1986年發起「讓三版女郎穿上衣服」的運動。2012年，公益組織發起「不要三版女郎」（No More Page 3）運動。

有意思的是，2013年2月10日，太陽報的老闆、傳媒大亨魯珀特‧默多克在「推特」回應一網友關於「'三版女郎'屬於上個世紀」的說法時說，「你可能是對的。（是否終止）我不知道，但在考慮中。或許（三版女郎）穿上時尚服飾更好看」。

@kazipoohpage three so last century!You maybe right, don't know but considering.Perhaps halfway house with glamorous fashionistas.

—Rupert Murdoch (@rupertmurdoch) February 10, 2013

2015年1月22日，太陽報最後一次刊登「三版女郎」。不過，在「三版女郎」的官網上（https://www.page3.com），裸胸的女郎照片一直在更新，2018年的專題年曆還在出售。

但是且慢，英國的報紙可不只有太陽報這樣的八卦小報，還有嚴肅大報和半嚴肅報紙。嚴肅大報包括泰晤士報、每日電訊和衛報等，半嚴肅報導則以每日郵報為典型。

嚴肅大報基本上都是百年大報：衛報前身是曼徹斯特衛報，2013年該報記者格林沃爾德率先報導斯諾登披露棱鏡計畫成就了國際影響力；泰晤士報創刊於1785年元旦，1981年被默多克收購。有意思的是，都是他的媒體，太陽報走八卦小報路線，而泰晤士報則是一份與標準英國紳士匹配的報紙。比如2013年12月24日，泰晤士報在獨家刊發了Anthony Horowitz的短篇小說《Camberwell Crackers》（坎伯維爾大案），加封面在內共用了整整五個版。這在傳統媒體衰落的當下，真是一種奢侈的堅持。

　　我剛開始到英國時，覺得報紙的風格歧異有些費解。待的時間稍長，才明白了其中的奧義：就資本主義的特質（或基石）來說，不外兩個：法治和自由。前者是指「法不禁止即可為」，後者則指「若不侵犯他人的自由，你就享有充分的自由」。因此，情色雜誌可以公開銷售，賭場亦可開。走得更遠的是荷蘭，阿姆斯特丹大街上可以購買定量的大麻，紅燈區亦是合法的。

　　因此，就不難理解，傳媒不過是社會的表徵，不同的媒體背後代表了不同的人群。下里巴人有所好，中產階級有雅趣，都是正常不過的事。另外，毛澤東曾講過，「黨外無黨，帝王思想；黨內無派，千奇百怪」。就英國來說，名義上是兩黨制（工黨和保守黨），實際上存在著多個黨派，有時候兩黨中的一黨要獲得

執政權，需要聯合其他小的黨派。有意思的是，這些黨（無論執政或在野）都沒有自己的黨委機關報。

　　正如黨派是相似意識形態民眾的集合，報紙也會對應相似意識形態的讀者。在《傳媒與民主》一書中就揭示了不同媒體支持的黨派：

英國1997年大選中各日報的黨派傾向[1]

	保守黨	工黨	自由民主黨	無
太陽報		●		
每日鏡報		●		
星報		●		
每日郵報	●			
每日快報	●			
每日電訊	●			
泰晤士報				●
衛報		●		
獨立報		●		
金融時報		●		
總計（百分比）	32.5	62		

　　從上表可以看出，除泰晤士報外，所有報紙都不是吞吞吐吐的，而是旗幟鮮明地體現了立場，而且相對穩定。這當然對報導和評論影響深遠。支持工黨的報紙，一般來講，對保守黨不會大

1　Brian McNai (2000), Journalism and Democracy: An Evaluation of the Political Public Sphere, London: Routledge, P142

加表揚。從表面看，報紙的黨派傾向是意識形態的事，但在市場上來講，它其實也是一種讀者對象化的策略。

不過，這種傾向並不是一成不變的。比如說，太陽報在1992年大選時發行量高達400萬份，公開支持保守黨。而當時所有民調都預測工黨將主導聯合政府，甚至單獨執政，結果保守黨勝選。於是在太陽報的頭版新聞中，工黨黨魁頭像被放入燈泡，標題說，「如果金諾克（工黨黨魁）今天勝選，請最後離開英國的人關燈」[2]。

到1997年，布萊爾成為工黨黨魁。太陽報則在頭版直接表明態度：「本報力挺布萊爾——給改變一個機會」。2010年，太陽報又轉向，在頭版直白：「我們信任（保守黨黨魁）卡梅倫——我們唯一的希望」。

為什麼立場會變來變去？由於在英國，黨派沒有自己的報紙，所以要借力發行量大的報紙，從而實現輿論動員，變成選

愛這個世界　雖然它不夠完美

---

[2]　馮建三：《傳媒公共性與市場》，華東師範大學出版社2015年版扉頁

票。默多克作為媒體大亨，自然是各大黨派巴結的對象。2012年，Tom Watson等寫的書《Dial M for Murdoch: News Corporation and the Corruption of Britain》（打電話給默多克：新聞集團和英國腐化之關係），就揭示了默多克與布萊爾和卡梅倫的緊密關係。

在政客與傳媒老闆之間，媒介顧問（Spin doctor）往往是重要的仲介。有些反諷的是，2010年5月，Andrew Edward Coulson成為卡梅倫新政府媒體部門主任。Coulson早年曾任《世界新聞報》（News of the World）編輯（2003-2007），因竊聽醜聞於2011年1月辭職，2014年7月被判刑18個月（當年11月提前出獄）。

2014年，我到創辦於1855年的每日電訊報訪問。導覽者是一位退休的報社員工。我問他，都說貴報是親保守黨的，這對報導是否有影響？不料，他回應說，「我們不會親哪個黨。作為一家報紙，還是要為讀者服務，呈現事實和真相」。

確實，每日電訊報上，有Boris Johnson（記者出身，曾任倫敦市長，現任外交大臣，保守黨議員）的專欄文章，也有其他黨派人士的文章。比如2018年4月19日，每日電訊官網就刊載了英國獨立黨（（UKIP））前黨魁奈傑爾・法拉奇（Nigel Farage）的一篇文章，說自己雖然認可Boris Johnson 2016年英國脫歐進程中的重要作用，但認為當天他接受報社採訪的觀點是錯的，有些言不由衷。

而在每日電訊的官網介紹顯示，「2017，我報成為英國嚴肅報紙第一品牌（the No.1 quality news brand），用戶超過2500萬」。

就發行量來看，幾家嚴肅報紙加起來可能都不及太陽報，但

就影響力來說，卻並非是以發行量為指標的。就英國報紙來說，難能可貴的是很多「不黨」的報紙存在。對執政黨的不足，揭露與批評是常事，從而推動社會進步。

以默多克來說，雖然旗下有多家報紙，還有電視臺。但發行竊聽醜聞後，多家媒體跟進報導，亦向政府施壓，最終他宣佈有百年歷史的世界新聞報永久停刊。

讓人感慨的是，在報業方面，除了零售市場外，還有免費報紙市場。比如1999年，聯合報業公司（Associated Newspapers Ltd）創辦的地鐵報Metro（可譯作大都市報或地鐵報），在英國十一個城市或地區（主要是地鐵站）免費派送，發行量在一百萬份以上。另一家免費報紙為旗幟晚報（Evening Standard）則是晚報，與晨報Metro區分開。這家報紙的歷史非常悠久，創辦於1827年。它於2009年10月改變180年的零售歷史，改為免費報，

僅在倫敦城區發放，發行量翻倍。雖然報紙免費，但內容卻都是有品質的。

英國媒體的豐富性還體現在國際性和個性化。老牌的經濟學人（The Economist，1843年創刊，它自稱是報紙）海外的發行量大於倫敦本地的發行量，而且電子版訂戶以北美居多，說明其國際化的成功。放眼全球，它是唯一一份文章全部不署名的雜誌，也是有品質的國際政經智庫型媒體。它還是西方發達國家中最早進行系統報導與分析中國的媒體。自2012年開設中國欄目之後，經濟學人這幾年將中國議題作為封面故事的頻次非常高。當然如果我們去細讀，會發現相關文章的作者像一個睿智的老人，對中國的發展和問題提出了理性、建設性的意見和建議。

另一份雙週刊第三隻眼（Private Eye，1961創刊）號稱英國最暢銷的新聞時事雜誌，「我們是獨一無二的：混搭了幽默、社

會與政治觀察以及調查性報導」（2018年4月，官網語），每期2英鎊，讀者超過70萬人。

第三隻眼封面非常用心，往往通過圖片配上文字（如對話），來呈現兩周內發生的最重要的國內、國際大事。它諷刺英國女王、英國首相，也諷刺美國總統。

如果我們稍加留心，還會發現在資本主義的英國，還有不少左翼媒體（包括報紙、雜誌和網站等）。比如社會主義工人報（Socialist Worker，社會主義工人黨主辦）、新工人報（The New Worker，英國新共產黨主辦）和社會主義者報（The Socialist，社會主義黨主辦）。而在倫敦市中心的Bloomsbury Street 1號，還有一家社會主義者書店（The Socialist Bookshop）。

而在廣播方面，多樣性特徵明顯：本地商業廣播（Local commercial）、全英商業廣播（UK-wide commercial）、BBC全

英廣播、BBC本地廣播和社區廣播（Community radio）。僅以調頻廣播來說，共524家，社區廣播241家，本地商業廣播235家。在頻道定位，有新聞臺、音樂臺、戲劇臺和談話臺等。

電視也如此。作為公共廣播公司，英國廣播公司（BBC，1927年成立）依然佔據優勢。商業電視臺則有天空新聞臺（Sky News，1989成立）、獨立電視臺（ITV，1955年成立）和第四頻道（Channel 4，1982年成立）等。此外，還有很多獨立製作公司參與廣播電視製作。

就數據[3]來看，2016年英國有94%的家庭擁有數字電視，人均每天看電視3小時32分鐘。對照中國廣視索福瑞媒介研究（CSM）的數據，2016年中國大陸城市電視觀眾人均每天電視收看時長為152.4分鐘，比英國人少一小時。

有意思的是，英國人獲取新聞的首要管道是電視直播或重播（占57%），通過Facebook/YouTube獲取新聞的並不占優（16%）。這反映了英國人的傳統資訊消費習慣（英國68%的成年人同意看電視有益於家庭團聚），也折射了英國電視媒體的專業性和公信力。

英國是世界近現代報紙的發源地之一，亦是一個傳媒大國和強國（以路透社、BBC、金融時報和經濟學人等不同類型傳統媒體為代表）。這樣的地位並不是憑空而降的。

其中最重要的是英國一代又一代的先哲發聲。1644年，英國

---

[3] 英國傳媒數據來源：英國電訊監管機構（Ofcom）發佈的《2017英國傳媒市場報告》https://www.ofcom.org.uk/research-and-data/multi-sector-research/cmr/cmr- 2017/data-downloads，發佈時間：3 August 2017

詩人、思想家、政論家約翰‧彌爾頓（John Milton, 1608-1674）出版的《論出版自由》，系作者對國會質詢的答辯詞。他痛斥檢查制度的罪惡，呼呼出版自由，主張讓真理參加自由而公開的鬥爭，以便讓上帝的愛和「自由、求知的精神」繁榮起來。他認為，言論出版自由「是一切自由中最重要的自由」。幾百年後，他的這句話仍然擲地有聲：

> 「殺人只是殺死了一個理性的動物，破壞了一個上帝的像；而禁止好書則是扼殺了理性本身，破壞了瞳仁中的上帝聖像。」[4]

接力《論出版自由》，英國哲學家、經濟學家約翰‧斯圖亞特‧密爾（1806-1873）的《論自由》一書（1903年嚴複曾譯此書，題為《群己權界論》）也被認為是建構西方新聞自由的重要基石：

> 「為著使一般人都能獲致他們所能達到的精神體量，思想自由是同樣或者甚至更加必不可少。在精神奴役的一般氣氛之中，曾經有過而且也會再有偉大的個人思想家，可是在那種氣氛之中，從來沒有而且也永不會有一種智力活躍的人民。若見哪一國人民一時曾經接近於那種性格，那是

---

[4]　【英】約翰.密爾頓：《論出版自由》，吳之椿譯，北京：商務印書館1958年版，第5頁

因為對於異端思想的恐懼會經暫告停止」[5]。

思想自由的特徵之一就是寬容異見：

「第一點，若有什麼意見被迫緘默下去，據我們所能確
知，那個意見卻可能是真確的。否認這一點，就是假定
了我們自己的不可能錯誤性。第二點，縱使被迫緘默的意
見是一個錯誤，它也可能，而且通常總是，含有部分真
理……第三點，即使公認的意見不僅是真理而且是全部真
理，若不容它去遭受而且實際遭受到猛烈而認真的爭議，
那麼接受者多數之抱持這個意見就象抱持一個偏見那樣，
對於它的理性根據就很少領會或感認。不僅如此，而且，
第四點，教義的意義本身也會有喪失或減弱並且失去其對
品性行為的重大作用的危險……」[6]。

有意思的是，英國哲學家休謨（1711-1776）曾直言，「沒
有什麼比我們這個國家中人們所享有的極端新聞自由更易使外國
人感到吃驚了。我們可以任意向公眾報導一切，並可公開指責國
王及其大臣們所採取的每項措施」[7]。

---

[5] 【英】約翰.密爾：《論自由》，許寶騤譯，北京：商務印書館1959年版，第39頁

[6] 【英】約翰.密爾：《論自由》，許寶騤譯，北京：商務印書館1959年版，第61頁

[7] 【英】休謨：《休謨政治論文選》，張若衡譯，北京：商務印書館1993年版，第2頁

之所以英國法律容許這種自由，在休謨看來，是因為英國政府的混合體制：它既不全是君主制，也不全是共和制：

　　　「通過新聞自由，整個民族的學識、智能和天才可以用來維護自由，激勵人人都來保衛自由。因此只要我們政府的共和部分能夠持續抵制君權，它自然會認真保持新聞開放，這對它自身的生存至關重要」[8]。

　　因此，我們不能片面地看待英國的君主立憲制。作為一種妥協的政治安排，它給予了英國人自由和法治。這也說明了英國傳媒為什麼是自由而多元的。

　　在媒體的所有權上，我們就可以看到，除公共服務媒體（如BBC）外，商業類媒體的所有權是開放的。魯伯特・默多克生於澳大利亞，後加入美國籍，但他可以購買太陽報和泰晤士報；2015年7月，日本經濟新聞社以8.44億英鎊（約1600億日元）收購金融時報集團（原母公司為英國培生集團）的全部股權。這是日本媒體集團收購海外企業史上最大的一筆交易；旗幟晚報（Evening Standard，曾為Standard，London Evening Standard）創刊於1827年。2009年，俄羅斯富商、前克格勃間諜Alexander Lebedev和其子 Evgeny Lebedev以1英鎊從每日郵報（Daily Mail & General Trust）手中購得其74%的股份。

　　有意思的是，之所以要購買旗幟晚報，Alexander Lebedev此

---

[8]　【英】休謨：《休謨政治論文選》，張若衡譯，北京：商務印書館1993年版，第4頁

前曾披露，自己年輕時在倫敦當間諜時，常看該報獲取資訊。

　　據BBC的報導[9]，這是俄羅斯寡頭首次擁有英國媒體。並購也有一些不同聲音，星期日電訊前編輯Peregrine Worsthorne直言是「國家的沒落」，「你能想像法國世界報或費加羅報落入一個俄羅斯富商手中嗎？」不過，Alexander Lebedev表示，他強烈支持一個自由的新聞界，不會干預報紙的編輯工作。值得一提的是，2010年，Lebedev父子倆還收購了獨立報（The Independent）。

　　外來力量確實改變英國的傳媒生態，比如默多克的Sky News通過本土＋國際新聞並重，注重直播和連線等報導方式，促進了BBC等同業新聞業務的提升。因為有俄羅斯富商的加入，旗幟晚報才改為免費報紙，其發行量增加的同時，改變了營利模式；獨立報在2016年3月26日出現最後一期紙質版後，轉型為互聯網報紙。

　　我在倫敦訪學時，打開房東家裡的電視，中國中央電視臺沒有入戶，但今日俄羅斯（Russia Today，簡稱RT）則在開路頻道中。RT有阿拉伯、西班牙、美國、英國和紀錄片等版本，英國版RT是2014年落地的，全英文播出，常由英國記者主持節目，亦製作播出英國本地新聞。RT自稱是非營業機構，但又接受俄羅斯政府資助，常被人看作是俄羅斯的宣傳機器。

　　那麼，英國的自信從何而來？我在想，這不過是堅信自由與法治的制度自信使然。自由市場經濟裡，媒體基本都是私有，所有權自然可以轉讓，並不限於國籍；無論誰持有媒體，在法治軌道上行事就沒事，不然只能法庭上見。

---

[9]　BBC：Ex-KGB spy buys UK paper for £1, 21 January 2009, http://news.bbc.co.uk/2/hi/uk_news/7841891.stm

正是在法治下的自由，讓英國媒體的全球好聲譽得到基本保障。當然，新聞工作的獨立性更為重要。2018年4月，經濟學人在自我介紹中說：

　　「誰擁有經濟學人？EXOR SA（義大利最大的私營工商業集團）持有43.4%股份，包括編輯成員在內的個人股東持有其他股份。編輯的獨立性由理事會來保證，它支持編輯工作」。

　　從反向來說，自由、獨立當然對傳媒來說是好事，但要完全做到也是不可能的。因此傳播學者James Curran等人從1981年起，就開始推出《有權力，不擔責》（Power Without Responsibility），除了呈現英國傳媒業的歷史和現狀外，常常批判傳媒生產中的失範現象（如資本力量對新聞編輯部的制約）。到2010年，該書已經出了第七版，已成為「英國傳媒最佳指南」。

　　專家、學者的批評加上2014年成立的英國獨立媒體標準組織（前身為英國傳媒投訴委員會The Press Complaints Commission，旨在提升新聞業專業水準，維護傳媒的表達自由），旨在促進傳媒業的自律，從而「以自律換自由」。自律與法治並行，方能從最大程度上保障媒體的自由與多元。

新媒體時代公共話語平臺的構建
——以英國LBC電臺為例

　　作為傳統媒體中的一員，廣播已經有一百多年歷史。它是否可能成為新媒體時代的公共話語平臺，以延續其平等與易接近的優點？這確是值得探討的問題。

　　廣播電臺（或廣播頻率）要成為公共話語平臺，至少要滿足如下兩個條件：1.公共性，即探討的都是公眾關注的政治、經濟、文化和社會議題，而多是時新的；2.觀點（主體）的開放性與集合性，內容組成以普通觀眾的觀點為主。

　　英國的LBC電臺[1]，全稱為Leading Britain's Conversation，即全英領先談話廣播。1973年10月8日創辦時，LBC是倫敦廣播公司（London Broadcasting Company），定位為全國談話與熱線廣播（national talk and phone-in radio station）。2007年，LBC的宣傳語又變成了「倫敦最大談話廣播」。2014年1月11日，LBC開通數字廣播（DAB），宣傳語變成「全英領先談話廣播」。該臺現為全球廣播公司（Global Radio）旗下的商業電臺。

　　既然定位為談話廣播（Talk Radio），LBC的節目內容與創辦時一樣，以話題討論為主，基本框架是：每小時（有時半小

---

[1]　需要說明的是，LBC除談話廣播外，還有LBC News 1152，定位為資訊廣播。本文所提及的LBC，均指其談話廣播。

時）一個話題+整點新聞快報（含交通資訊）+突發新聞插播。
熱線電話（phone-in）仍是最主要的參與方式（基於廣播是聲音
媒體），但隨著技術的進步，聽眾參與亦可通過短信、電子郵件
和社交媒體等多種方式參與。在傳播管道方面，LBC可以通過調
頻和網站、數字電視頻道收聽，也可以通過手機等智能終端下載
客戶端即時收聽。

LBC的節目單如下：

週一節目對比

時間	週一（2014年9月22日） 主持人及節目類型		週一（2015年7月27日） 主持人及節目類型
12:00am	Duncan Barkes 談話節目	12:00am	Ian Collins 談話節目
1:00am	Olly Mann 談話節目	1:00am	Darren Adam 談話節目
4:00am	Steve Allen 報章文摘	4:00am	Steve Allen 報章文摘
6:30am	Lisa Aziz 每日重點新聞	6:30am	Lisa Aziz 每日重點新聞
7:00am	Nick Ferrari 談話節目	7:00am	Nick Ferrari 談話節目
10:00am	James O'Brien 談話節目	10:00am	James O'Brien 談話節目
1:00pm	Julia Hartley-Brewer 談話節目	1:00pm	Shelagh Fogarty 談話節目
4:00pm	Iain Dale 談話節目	4:00pm	Iain Dale 談話節目
8:00pm	Clive Bull 談話節目	8:00pm	Clive Bull 談話節目
9:00pm	Clive Bull、Sarah Willingham 財經節目	9:00pm	Clive Bull 財經節目
10:00pm	Duncan Barkes 談話節目	10:00pm	Duncan Barkes 談話節目

從LBC不同月份的節目編排看，體現兩大特點：節目以主持人為主線，主持人相對固定；時段相對固定。除特別節目外，時段與主持人都一樣（表格中以灰底文字表示）。

這樣的設置是深諳廣播特點的結果。因為廣播是時間媒體，屬於線性傳播，它要求人們按節目的編排順序去收聽（雖然LBC一些特別節目會線上視頻直播，亦可回看）。時段和主持人固定化，有利於培養聽眾的「約會意識」。

節目主持人固定化，也有利於其品牌化（比如LBC今年還推出了一批由主持人寫的圖書）。另外，不同主持人主持討論不同類型的議題，亦有助於提高聽眾的忠誠度。

以Nick Ferrari（尼克·法拉利）為例，生於1959年的他現是LBC最知名的主持人，每天主持早七點到十點的《晨間秀》（Breakfast Show）。他曾做過報社記者、電視主持人，2006年英國保守黨黨魁卡梅倫曾籲請他入閣角逐倫敦市長，但他回絕了，稱「我不想離開我的聽眾」[2]。在LBC，Nick Ferrari則主要主持時政類話題的討論。

有了優秀的節目主持人，顯然還不夠，對以談話為主打的廣播來說，話題的選擇亦非常重要，LBC的話題以時政類和生活類為主，比如「為何一些年輕人要加入ISIS恐怖組織」、「英國是否應該向恐怖組織贖買人質」、「英國是否應該伙入美國打擊恐怖組織ISIS」、「蘇格蘭公投後工黨是否有更好前景」、「彈性工作制是否合理」和「你對地鐵職工罷工表示同情嗎」等。無論

愛這個世界 雖然它不夠完美

---

[2] 來源：「Ferrari will not be Tories' mayor"」，BBC News，2 August 2006

話題屬於哪個領域，但都有一個共性：有時新性和可議性。

　　除了從新聞報導中找話題，LBC也有意識地進行議程設置。比如，由於與政界的關係，從而讓Nick Ferrari主持的特別節目（往往一週一次）與眾不同，比如以2014年播出的《Ask Boris》（每月週二）、《Call Clegg》（每週四）和《Phone Farage》（週五，每兩週一次）。而這三個政壇人物都是英國家喻戶曉的：Boris Johnson是倫敦市長，也是個性十足的政壇人物；Nick Clegg是副首相，是英國自由民主黨黨魁；Nigel Farage是英國獨立黨（Ukip）領袖，舉止張揚、鋒芒畢露，曾是2014年英國大選的極具威脅性的人物。

　　三個政壇人物在LBC各自的節目中，與Nick Ferrari共同主持，一起接聽觀眾電話，一起議政。節目除了音頻外，亦可通過LBC網站觀看視頻直播。而在節目中回答的問題，在節目結束後會迅速編輯出新聞報導，在LBC整點新聞中滾動播出，從而讓節目本身成為獨家的新聞素材。

　　這樣的設計，對塑造LBC的形象與吸引受眾，顯然大有裨益。以下是相關收聽數據：

LBC收聽數據[3]

	2014.10-2015.3	2018.01-2018.06
覆蓋人數 （全英15歲以上成年人）	53,502,000	54,752,000
每週平均聽眾 （全英15歲以上成年人）	1,357,000 （占全英2.5%）	2,100,000 （占全英4%）
每個觀眾平均每週收聽	9.4小時	9.6小時
全部觀眾每週收聽時長	12,799,000	20,262,000
市場份額	1.3%	2.0%

　　據英國RAJAR（Radio Joint Audience Research，即廣播聯合體聽眾研究，由BBC和代表商業電臺的Radiocentre共創）2018年7月初發佈的數據，BBC的所有電臺所占市場份額為51.7%（BBC Radio2占17.9%，BBC Radio4占12.9%），所有商業電臺所占市場份額為45.7%（全國性商業電臺18.1%，本地商業電臺27.6%），其他電臺占2.5%[4]。

　　而BBC是國家免費公共電臺，其品牌與覆蓋率顯然是商業電臺無法比的。作為全國性商業電臺，LBC雖然占的市場份額為2%，但若考慮到全國性商業電臺僅占全英18.1%的份額，作為非休閒娛樂的談話廣播，LBC在收聽市場上是比較成功的。

3　來源：http://media.info/radio/stations/lbc/listening-figures?utm_source=Redirect& utm_medium=mediauk.com，獲取時間：2014年9月29日、2018年9月19日。2014年，英國總人口為6451萬，2017年為6602.2萬。

4　數據來源：https://www.rajar.co.uk/listening/quarterly_listening.php獲取時間：2018年9月19日

從廣告收入看，目前LBC並沒有公佈數據。但通過其播出中插播廣告的頻次、官網和手機客戶端廣告數來說，算是很不錯。在2017年，甚至中國東方航空公司都在該臺整點新聞時投放廣告。其母公司Global Radio是全英收入第一的廣播集團，2012年的總收入達3億英鎊[5]。

　　總的說來，如果廣播電臺（或頻率）要打造公共話語平臺，全天候的談話節目顯然是一種標準設置：一方面，從節目容量設計來說，需要大家聽眾參與；另一方面，從時間來說，亦可即時跟進時事。

　　從媒體屬性上說，談話廣播與音樂廣播一樣，不過是類型化廣播中的一種。而所謂類型化廣播，「實質上是一種心理和需求的歸屬，它是針對特定地區和特定受眾的需求而整體設計與運營的廣播細化模式，這種模式植根於特定受眾之中，為特定受眾所喜愛所接受。」[6]因此，談話廣播實則也存在一個細分的問題。張勉之就發現，在美國本土，聽眾可以收聽到至少十種以上的談話廣播電臺，其中有傳統談話臺、體育談話臺、熱辣話題談話臺、網路談話臺、全新聞談話臺、外語談話臺、都市談話臺、宗教談話臺和公共談話臺等。「窄播」、「小眾化」是其發展的最大特色[7]。

　　從表面看，如果是新聞時事談話臺，完成可以跳出特定受眾

[5] 數據來源：Nielsen Addynamix，轉引自Western Europe Market & MediaFact (2013 Edition), ZenithOptimedia (2014)

[6] 覃信剛：《關於類型化電臺的解析》，《中國廣播電視學刊》，2008年第1期

[7] 轉引自李翔：《從「表達權」看我國談話廣播的創建》，中國廣播電視學刊2008年第6期

群，而成為人人參與的公共臺。但是從實踐上來說，這像是不可能完成的任務。以美國為例，廣播談話臺或新聞+談話臺曾在十年間翻了三倍：從1980年代初200個臺，到1994年的850個臺。其中，手機的普及直接引發了電話熱線廣播節目的興起。而更重要的原因是，它呼應了參與式民主（Participatory Democracy）[8]。但隨之而來的是廣播電臺的黨派性。2003年，Anshell Media公司CEO Jon Sinton就披露：美國排名前45位的談話廣播中，每天有310小時談話內容是保守主義（即右翼，親保守派）的，而只有5小時在播非保守主義的不同意見[9]。

媒體的黨派性實際上在西方兩黨制或多黨制的國家裡非常普遍。英國也不例外，報紙有黨派傾向：有擁護保守黨的，也有挺工黨的。廣播亦如是，和美國一樣，右翼色彩嚴重。BBC如此，LBC也不例外。比如在LBC，就很少聽到工黨成員的聲音。

當然，不可否認的是，在一個資訊自由流通的開放社會，傳媒有自己的立場似乎亦是正常的事，經由不同立場的傳媒匯聚成「觀點的自由市場」，也是一種好的選擇。現在的問題是，不少媒體基於「政治正確」而進行偏向性的傳播，從而導致「沉默的螺旋」的發生，這就需要我們警惕。

---

[8] Douglas, Susan J (Susan Jeanne): Listening In: Radio and The American Imagination, University Of Minnesota Press (2004), P285-287

[9] 參見：The Right Talk: Conservative Talk Radio，October 13, 2003，網址：http://www.pbs.org/newshour/bb/media-july-dec03-righttalkradio_10-13/獲取時間：2014年9月29日

英國公共空間裡的工人形象

　　一個國家的文明程度，至少可以從一個維度來評定：那就是如何對待生活在社會底層的工人。在中國古代歷史上，修建長城的工人死傷無數，但他們的名字沉沒在地底下；兵馬俑被譽為世界奇跡，秦朝對制陶作坊的工人實行「物勒工名，以考其誠」的制度，不過是難查考的「宮丙」、「宮疆」、「咸陽午」和「櫟陽重」等。在當代，富士康在中國大陸的工人們多達一百萬人，前幾年發生多起工人自殺事件，即便他們的生命失去了，媒體報導了，又有多少人會記得他們？反倒是美國的《時代週刊》，在評選「2009年年度人物」時，「中國工人」成為上榜的唯一一個群體，從而讓全世界人民瞭解這一群體和其中的無數個體的貢獻。

　　作為發達國家密集的歐洲，尊重個人自由與個人價值，對底層勞工的態度值得我們學習。2014年，我曾在英國倫敦訪學近一年，亦遊歷過歐洲數國。我曾看到在德國大教堂的走廊裡，展示著工人們勞作的照片；在荷蘭阿姆斯特丹的「紅燈區」，有黑人性工作者的雕塑和性工作者博物館，呈現這一另類工種的艱辛與尊嚴。

　　作為老牌資本主義國家，英國在對待工人的態度上，亦體現出對他們的尊重。在蘇格蘭、北愛爾蘭和威爾士，在公共空間

裡，都有一些特別的方式向工人這一群體致敬。

一、蘇格蘭：福斯橋與煤礦博物館

到了蘇格蘭的首府愛丁堡，福斯橋（Forth Bridge，又叫福斯鐵路橋）是必去的景點之一。它在愛丁堡城中心西北14公里處，1882年開始建造，耗時八年，是公認的鐵路橋梁史上的里程碑之一。橋樑的大部分結構是鋼，其特別的造型與滿身的紅漆讓人印象深刻。在蘇格蘭銀行發行的英鎊上，福斯橋是不可少的風景。

夜色中的福斯橋。

這座鐵路橋已近120歲，目前每天仍然有200趟火車經過。其總長度為2528.7米，主跨跨徑519m，鐵路高出水位47.8m，因風力過大，橋樑桁架做成向內傾斜，塔頂寬約10m，塔底寬36.6m，全橋共計3個橋塔，六個伸臂，各長206m，懸跨長107m。

　　從這些數據，我們也能推想出建造福斯橋的難度係數。一方面是科學設計的問題，另一方面則是材料的生產與安裝難度（比如共用鋼鐵5.5萬噸，磚石11萬立方）。更讓人遺憾的是，有不少事故和死傷。

　　在福斯橋的建設過程中，最高峰時有4600名工人在工作。據WilhelmWesthofen 1890年的記載，共有57人失去了生命。2005年，福斯橋紀念委員會召集了一個由當地史學家組成的團隊，為死難者樹立了紀念碑，並列出了名單。2009年，一份73人的死難者名單最終確定，他們是福斯橋建成前後罹難的，包括墜橋而死的38人，被擠壓致死的和淹死的各有9人，被落物砸死的有8人，3人死於工房火災，1人死於沉箱病（Caissondisease，即在潛水高壓環境中迅速變換壓力出現的內耳損傷），還有五人死因不明。

　　在愛丁堡東南8英里，有一座蘇格蘭國家煤礦博物館（National Mining Museum Scotland），實際前身是1895年開採的維多利亞煤礦（The Lady Victoria Colliery），也是蘇格蘭的第一個超級礦。1981年，該礦停采，現在成為歐洲保存的維多利亞時代最佳煤礦之一。該博物館保持了煤礦原有的樣子，增加了展覽區域，通過照片、圖示、場景還原和工作實景等方式進行知識普及。

有意思的是，該博物館有三位男導遊，都是曾經的礦工，退休後免費為遊客導覽。2014年9月17日，我一大早去時，沒有幾個遊客，由John Kane一人為我導遊。他是博物館官網上醒目的代言人，1952年開始在煤礦工作（時年15歲），在多個煤礦共工作了35年。他帶我到煤礦工作面和運煤操縱間，一邊介紹說，這個煤礦也曾經有過礦難，但死傷為幾人；他的父親曾在煤礦工作，得了矽肺病，

　　通過與John聊天，才知道目前蘇格蘭現在已經沒有地下礦開採，只有露天礦，因此也沒有職業病一說。如果從歷史上看，眾多地下煤礦關閉，或許與1984-1985年英國礦工大罷工失敗有關（官方數據顯示，1983年，英國有170個開工的礦區。到2009年只剩下4個深礦區）。

　　從事過多種工種，John對所有工作場景如數家珍，在與他交談中，你能深切感受到他對所從事行業的熱愛，那種職業的尊嚴感則是由內而生的。承載過他青春和熱血的煤礦，現如今是一個活生生的標本，靜靜地傳遞著煤礦工人的愛恨離愁。

二、卡迪夫步行街上的礦工雕塑

　　卡迪夫（Cardiff）是英國威爾士首府，皇后步行街（Queen Street）是繁華的商業街區。在這條街上，引人注目的是一系列雕塑作品。而它們的共同作者是雕塑家Robert Thomas。

　　Robert Thomas 1926年生於威爾士，卒於1999年，以青銅雕

Robert Thomas的作品《礦工》，圖片來自網路。

塑而知名。在皇后步行街上，他有四件作品：奈·貝文（Nye Bevan）、母與子、家庭和礦工。

　　他是礦工的兒子，1944年從中學畢業後，進入卡迪夫藝術學院前曾以採礦電工的身分為二戰服務。所以，礦工及其家庭實際也是他創作的重要主題（1993年曾創作礦工一家，安置地點在Rhondda Valley）。在卡迪夫市中心的這座礦工雕塑，呈現了一個年輕男礦工的風貌：右手提著礦燈，左手攥拳，目光向前，體現對美好生活的嚮往。

　　從公共藝術角度來說，創作什麼和怎麼呈現都是值得深思的問題。那麼，Robert Thomas為什麼要在公共空間展現礦工呢？在他去世後，英國衛報曾發表Peter Stead的署名文章，稱Robert

Thomas在1970年代回到自己家鄉，發現正在去工業化，社區在遺忘自己歷史的同時充滿困惑和不滿。於是，Robert開始著手定義他心目中的英雄，通過雕塑來呈現他們的工作並尋找公共空間來展出。有評論指出，因為他的自然主義與現實主義風格，一系列英雄題材雕塑重建了威爾士藝術傳統的自信。

三、北愛爾蘭的無名女工豐碑

到北愛爾蘭的首府貝爾法斯特，人們很容易就看到兩個無名女工的青銅雕（Monument to the Unknown Woman Worker）。這是因為它的位置很好，在維多利亞街（Great Victoria Street），鄰近即是大型公交站（包括開往愛爾蘭都柏林的長途公交）和火車站。

雕塑作品中的兩位女性，一位是家庭婦女，一位是白領。有意思的是，在設計時巧妙地將工作用具嵌入其身體中，比如奶瓶、衣架、竹簍、鍋鏟、電話機、電腦……而在她倆的身上，更有一些宣言，比如「所有在家勞作的婦女，都沒有得到直接報酬」，「婦女獲得報酬的勝利將排山倒海」，「作為勞動力劇增的一份子，已婚婦女往往是半工作半家庭，工作只是她們工作日的一部分而已」。

從上述宣言可以看出，這組雕塑作品，意在為女性（尤其是家庭婦女，以及工作和家庭兼顧的女性）聲張權利。它們的創作者Louise Walsh也是女性，1963生人，1986年獲阿爾斯特大學

（University of Ulster）藝術碩士學位。她的作品在多地的公共空間置放，比如倫敦希思羅機場一號航站樓。

貝爾法斯特的無名女工豐碑是Louise Walsh1992年的作品。當時她應北愛環保部的要求，通過藝術作品來反映當地的社會歷史（歷史上鄰近為紅燈區）。但她並不想囿於此，將主題聚焦於女性同工不同酬和在家無薪勞作的婦女。因為主題的變化，該雕塑作品曾引發政治上的爭議（比如是否將工作中的女性等同於性工作者？），並被貝爾法斯特市議會拒絕公開展出。最終一個私人機構接盤，將雕塑安置在現址。

Louise Walsh的最新雕塑作品安置在北愛的德裡市（Derry），主題是襯衣廠的女工們。其作品源自同名官方專案（2006-2012）。

與無名女工豐碑類似的是，新作品裡仍有宣言，都是襯衣廠女工們自己的話。此舉相當於把口述史與藝術作品相結合。

四、一些啟示：讓藝術與生活相連

從福斯橋工人遇難者紀念碑、蘇格蘭國家煤礦博物館到礦工雕塑、無名女工豐碑，對作為勞動者的底層工人，英國人採用的公開致敬的方式：除了讓退休的工人代表對公眾進行鮮活的教育外，更多的是以公共雕塑的方式來進行紀念。

單就倫敦而言，在城市廣場和公園甚至路口，紀念雕塑數不勝數，比如關於戰爭的雕塑，數量上萬，而與社會生活相關的雕塑作品或裝置藝術，隨處可見。作為一種公共藝術，它們是最便捷的通道，引發居民與路人的思考：或審美的，或歷史的。

中國的現代公共雕塑，始於20世紀初的整體社會變革時期。1919年12月1日，蔡元培先生在北京《晨報副刊》上發表《文化運動不要忘了美育》一文，提出「市中大道，不但分行植樹，並且間以花畦，逐次移植應時的花。幾條大道的交叉點，必設廣場，有大樹，有噴泉，有花壇，有雕刻品」。

100年後的今天，我們可以放眼中國大陸各大城市，蔡先生的構想實現了多少？有多少公共雕塑作品藝術性地再現了我們的生活？

一些城市安置了公共雕塑，要麼是歷史人物，要麼安置在一些單位院內。在城市公共空間（尤其是繁華的鬧市），雕塑作品

很少，更不用說安置反映工人或農民形象的作品了。另外，無論是什麼內容，經得起歷史檢驗的雕塑極少。

好在近年來有不少有識人士開始關注這一問題。2012年1月，上海市人大代表、上海話劇藝術中心總經理楊紹林在參加專題審議時提出，上海應該保存一些當代文化記憶，比如建100座農民工形象的雕塑作品，設立在陸家嘴、南京路等鬧市區、地段，包括他們在春運大潮中艱難遷徙的身影，讓我們的後代知道城市的發展進程。

之所以有這一想法，也是來自域外的啟示。楊紹林說，他在紐約帝國大廈看到過一組老照片，是建設帝國大廈的工人在高空鋼樑上休息時的情景，這些照片後來也變成了一組雕塑，極富震撼力。

若從實踐角度，城市公共藝術（包括建築、繪畫和雕塑等）說到底是人民（或市民）的藝術節：一方面，這些藝術作品要滿足和反映人們的現實生活和審美追求；另一方面，它們又能提升人們的藝術品位，或喚醒人們沉睡的記憶。

因此，城市裡的公共雕塑作品，應該是群策群力的結果，政府文化部門、普通市民、藝術家在題材選擇、藝術設計上都應體現其不同的作用：政府文化部門側重統籌和規劃，普通市民提供參考意見，而藝術家則獨立創作。此外，應該鼓勵企業和個人捐資以求更快、更多元地實現公共空間藝術化。

我曾經在中國美術館看過畫家徐唯辛創作的「礦工系列」巨幅油畫，雖然是平面作品，已是十分震撼。我在想，如果把這些滿臉煤灰、甚至曾被瓦斯燒傷的礦工們的形象製作成立體的青

銅雕塑，安放在北京的王府井大街、上海的新天地、重慶的解放碑，對民眾來說，該是怎樣的震撼教育?!

也許有一天，我們在廣州的街頭，會看到孫志剛的雕塑作品，無聲控訴曾經的的惡法；我們在北京的街頭，看到無數北漂青年以雕塑的形式昂揚在北京的CBD；我們在深圳的街頭，看到富士康工人絕望的臉和令人汗顏的工資單，讓我們心生憤怒與同情；我們在重慶的街頭，看到不同年齡「棒棒軍」的雕塑，他們弓腰微笑著見證城市的生長⋯⋯

部分內容曾刊于《中國工人》2015年第8期

誰是蔣彝？

蔣彝是誰？

2014年，我在英國的一個偶然的機會，才知道有這個人存在。如我一樣後知的人還有不少：直到2018年2月，中國大陸的報紙還在刊發《蔣彝先生，回家吧》這樣的文章。與之相應的是，作為蔣彝最具代表性的作品系列──「啞行者」系列畫記──自2010年起才陸續在中國大陸推出簡體字版，在臺灣的出版只早了十年。

我在英國的二手書店，eBay上的店鋪購買了不少蔣彝的著作。那些上世紀三、四十年代出版的精裝書，印製精美，讓當下的簡裝版相形見絀。通過這些著作，我不得不對蔣彝表示由衷的敬佩。

蔣彝（1903年5月19日──1977年10月26日），生於在江西九江一個富庶的書香門第，12歲開始跟父親（著名的肖像畫家）習畫。21歲時，他與表妹曾芸結婚。23歲，他畢業於南京大學（其後改為國立東南大學）獲得理學士學位。畢業後，他入伍一年，後在高中教了一年化學，也曾在國立政治大學任課，在杭州一家報紙當過助理編輯。有意思的是，他還分別在老家九江、安徽當塗和蕪湖做過縣長。因為對官場生態不滿，蔣彝30歲時（1933

年）離開妻子和年幼的四個孩子，隻身到了英國。

蔣彝本打算一兩年就回國，不料直到1975年才有機會回到中國。人生如白駒過隙，42年就過去了。而正是隻身渡過的42年，造就了蔣彝的傳奇。

剛到英國時，蔣彝的英文能力非常有限，先在倫敦大學就讀，後來在其東方學院擔任遠東語言文化部助理講師，而當時莊士敦是主任。後來又在一家醫學史博物館負責展覽。在這期間，他以「啞行者」（The Silent Traveller）為名推出了系列旅行畫記，從而廣為人知。

1936年，蔣彝到英國湖區旅行後，寫了《湖區畫記》，不料投稿後，幾家出版社都退稿，最終一家出版社（London Country Life LTD）決定試一試，不過只同意給六本樣書，還不打算付版

稅。不料，該大賣，首版一個月就賣光了。我手中的一本顯示，
1937年第一版，1938年、1942年各再版一次。

《湖區畫記》開創了蔣彝的一種寫作範式：以一外來者的身
分實地探訪、居住，把自己的觀察、感受寫成文字，另外配以自
己的書法和繪畫作品，呈現異域的風情。只不過，《湖區畫記》
特別短小，僅67頁（引言占了六頁，繪畫不占頁碼），而且還是
黑白單色印刷。

「啞行者」系列除湖區外，還包括英國的倫敦、約克郡山
谷、牛津、愛丁堡；愛爾蘭都伯林；法國巴黎；美國的紐約、波
士頓、三藩市；日本。這些畫記基本上都是套色印刷，現在看仍
是精美無比，而不少是在二戰時紙張因短缺實行配給制的情況下
印製的。

從1933年英國，1955年移居美國（除一年在哈佛大學外，
生前一直任教於哥倫比亞大學），蔣彝在英的20年，也是他的創
作高峰期。學者鄭達認為，蔣彝非常幸運，在英國結識了許多藝
術家、學者、詩人、劇作家，其中有中國人，也有英國人。中
國人中，有徐悲鴻、劉海粟、梅蘭芳等，英國人如赫伯特・裡
德（Herbert Read，英國詩人、藝術批評家和美學家）、莊士敦
（清朝末代皇帝愛新覺羅・溥儀的外籍老師，著有《儒家與近代
中國》、《佛教中國》、《紫禁城的黃昏》等書）等。

為蔣彝作傳的鄭達先生這樣評價道：

「在西方出版大量作品的著名中國作家，恐怕僅林語堂
和蔣彝兩人。但兩人有不少差別：林語堂先在國內文壇

出名，而蔣彝成名完全是出國之後；林語堂主要在文藝作
品上，而蔣彝多才多藝，除了遊記小說詩歌散文等文學作
品，還創作了大量的書法繪畫作品。」

確實，蔣彝還出版了《中國書法》，《中國眼：中國畫
解讀》以及多本為孩子寫的書（如《大鼻子》、《金寶在動物
園》）。

但在我看來，蔣彝的價值在於，他以中國人的身分和視角，
關照了西方世界，而且用中國藝術手段把所觀所感呈現了出來。
比如他的「啞行者」系列，封面上一律是他自己手書的中文書
名，書脊上才是英文；在內容上，大量配著他的繪畫和書法作
品，而書寫的不少是他寫的打油詩。

值得關注的是，雖然蔣彝在英國時期遇到諸多歷史性大事件
（比如喬治五世駕崩、女王登基加冕、二戰爆發等），但他深知
文化才是恒久的東西。在《倫敦雜碎》（中文簡體版為《倫敦畫
記》）的導言中，他說：

「我不打算在書中討論政治，因為我壓根兒就不懂。這五
年來，我總覺得，每個倫敦人都能談論政治，也都能頭頭
是道地分析政治，顯得我分外愚蠢。每回我表示自己不懂
政治，人們都要大吃一驚」。

在我看來，這樣的沉默或許源於在中國從政時心理受到創傷
所致。不過，他回歸本位，藝術家做藝術家擅長的事，反倒成就

了很多能夠抵抗時間流逝的作品。

　　當然，蔣彝的一生中還是很多遺憾：一是在世時作品沒譯成中文；二是家庭生活的缺席。蔣彝旅居英美44年，共出版36本書，絕大部分用英文寫成。可在中國大陸，到2018年4月，只能找到8種中譯本，即：友誼出版公司1983年出版的《蔣彝詩集》、上海書畫出版社1986年出版的《中國書法》、上海人民出版社2010年出版（外語教學與研究出版社2017年再版）的《倫敦畫記》《愛丁堡畫記》《牛津畫記》《湖區畫記》、上海人民出版社2018年出版的《日本畫記》《波士頓畫記》。

　　在家庭方面，有的朋友看到他獨居國外，均勸他取個外國妻

子。他說：「我有自己的妻子兒女，我遲早要回到祖國去。」實際上，1975年4日，蔣彝才回到了闊別42年的祖國，與妻子、女兒團聚。在國內參觀遊覽了兩個月，先後到了大江南北的許多城市和農村，參觀了鄉村和工廠，詳盡瞭解工農業方面的成就，深為解放後祖國出現的新面貌所感動。回到美國後，他撫今追昔，很快寫出了《重訪祖國》一書。

1977年，蔣彝第二次回國訪問。他的妻女和親友勸他回國定居。他說：「這次回國，我要辦好兩件事：「第一，就是你們說的申請回國定居。第二，我不能空手回來，還要寫一本《中國畫記》，修改補充一本已起草的《中國藝術史》；作為回家的禮物，向祖國獻禮。」在兩個月的時間裡，他走訪了十一個省、市，參觀了龍門石窟、鞏縣石窟、宋陵、秦始皇陵、馬王堆和殷墟、大汶、汶口、仰紹文化遺址等藝術寶庫和古跡。由於年老體弱，加上勞累過度，不幸結腸癌復發，經醫治搶救無效，於1977年10月26日在北京首都醫院逝世，享年75歲。遵照他的遺願，葬於廬山腳下。

多年不回家，也不離婚，說明蔣彝深受儒家文化影響。紅學家吳世昌在《蔣彝其人其詩》一文中提到，「蔣彝靠稿費過日子，但他在國內的家屬——妻子兒女的生活費用也要經常匯一些錢供給。並不像有些華僑，一到外國就追求別的女子，另行成家，把糟糠之妻扔在老家，死活不管了。蔣先生卻數十年如一日，一直過著苦行僧式的獨身生活。」。

此外，蔣彝在二戰後把長子（2002年去世）接到英國，結婚生子；移居美國後，又在1960年代把小兒子（2011年去世）接到

美國，結婚生子。這算是他對家庭的補償。

　　蔣彝當然不是完人。不過，就他做的文化傳播工作來說，可以說是功莫大焉。只不過，如果攜家庭同時赴海外，或許就更完美了。

　　幾年前，我以訪問學者在倫敦待了一年，近幾年又到西藏數次。我曾感慨：長期在單一文化環境裡生活的裡，往往容易偏執和妄斷。

　　蔣彝的價值，恰恰體現多元文化的交融。幾十年過去，世界期待有更多如蔣彝一樣的人，呈現世界文化的豐富性與融通性。

2018.04.13

你真的決定留學英國了嗎？

　　每一個到海外留學的人，一定有一個最強大的理由。到英國留學的理由？可以說多到不勝枚舉：悠久的歷史，豐富的文化，良好的治安……更重要的是，其高等教育水準在全球也是響噹噹的。

　　2014年，一份名為《教育與英國軟實力——一個尚未探索的聯繫》（Education and British Soft Power-The Unexplored Connection）的報告顯示，全球177個中央銀行行長之中，有32位曾經在英國上大學。非英籍諾貝爾獎得獎人之中有13%曾經在英國接受教育，或者在英國大學任職。在中國，恐怕少有人不知劍橋、牛津。

　　難怪，目前在英國留學的中國學生有十萬人。可問題是，你真的認准了留學英國嗎？

　　在我接觸的不少留英研究生中，在回答為何留英時，答案是「英語要求沒那麼高，好申請」、「一年就畢業，快」。

　　先說英語水準要求。的確，留學英國考雅思就行了。不少人考7、8分，可是，這和專業運用差距很大。一攝影專業在讀碩士曾在美國訪學一年，對此感受很深，「很多人雅思考了高分，但在前幾個月上課都是懵的」。為什麼？他認為這還不夠，攻讀研究生前應該考考GRE。在他看來，如果你的辭彙量不夠、運用能

力不行，那聽課就會大打折扣，「英國高等教育水準很高，可老師們要求也很嚴，他們授課時，默認學生的語言水準很高，都是從英語國家大學畢業的」。

另外，英式英語與美式英語還是有所區別。紀錄片《留學生》的第一部《英倫的天空》中講述了一對在北京工作的夫妻雙雙到英國的故事，一個讀研，一個工作，雖是英語專業畢業，但用了一月時間才適應一些生活用語中的發音、慣用語。

眾所周知，在英國留學學費很高，讀研究生一年，大多數專業學費每年11,000英鎊（英國本土及歐洲9,000英鎊），有的學校學費整體偏高，比如倫敦政經學院對英國及歐洲外的學生收費達16,392英鎊。今年，愛丁堡大學的公共政策專業碩士（public policy）英國和歐洲以外的學生學費居然高達2.2萬英鎊。按平均來說，在英國讀研一年，學費加上吃穿住行，得人民幣20萬-30萬元。

我時常問留學生們，「一年三十萬，拿個碩士文憑，值嗎？」不少學生都說，理性地算起來，似有些不值。但他們認同的是，「美國得兩年，一年不是快嗎？！」

這確是一個悖論：花錢速戰速決，且要物有所值。所以，現實是，不少學生反映一年的時間太短，因為到英國要適應至少2、3個月，甚至半年，包括語言、文化環境。有的學生聽一門課，聽了好幾次後聽不懂，開始懷疑自己是不是不適合留學；亦有被迫轉學或換專業的。還有的學生用功不勤，論文很差，沒有按時畢業，重寫後第二年畢業。更奇葩的是，網上有專門售賣英文論文的，還在社交網路上推廣。

所以對英國的研究生教育，不少人感覺就是教育產業化的結果，說得中性一點，是「博士研究生的預科」。有個別學生就反映，「讀研學不到太多東西，老師改作業也不夠認真，基本上所有人都能Pass」。

　　當然，回到「值不值」這一話題，要說一年時間能夠大開眼界，親身感受西方文化，接受先進教育，這是拿錢無法衡量的。

　　另一種選擇是，本科階段就到英國留學。但三年的花費不是一個小數目，非一般家庭能承受。而另一個問題是，對人的獨立性要求更高。BBC中文部製作人子川的本科和碩士都在英國讀的。在盧頓大學讀完一年的預科之後，她進入該校傳媒專業本科學習。在接受媒體採訪時，子川回憶道，「班上只有我一個中國人。自己年紀那麼小，英文不夠好，對英國的文化也不了解，和他們沒話題聊」。

　　如果對一年時間不在乎，對高額花費不敏感，那就可以下決定了：留學英國。且慢，你要上哪所大學，學什麼專業？

　　不少人都會說，「找仲介唄」。我認識的不少留英學生都提到，「留學比較大的問題我覺得還是仲介。中國學生對選專業選學校都沒什麼概念，喜歡聽仲介的。」

　　另外，大多數學生把排名當作選擇學校的唯一標準。的確，泰晤士報等不少機構每年都在做大學排名，但事實上，與實際還是有差距。何況不少學校存在買榜的嫌疑。

　　也有學生告訴我，「我個人最不滿意的，是學校課程簡介和實際上課程的差別」。其實她申請前，曾聯繫學校要老師和往屆學生的電話，通過微博、Facebook找人，「但是事實證明信息還

是不夠全面」。

　　花了大價錢，不少學生的想法是能留英工作。願望是好的，可就目前來看，英國的失業率在7%左右，已屬警戒線，而且經濟復甦緩慢，所以工作簽證並不好拿。這也是不少留學英國的學生所不悅的。

　　今年二月，BBC《廣角鏡》欄目播出了對倫敦的一些移民留學事務諮詢公司的暗訪調查。結果發現，有的機構通過替考等作弊手段，幫助不會英語的外國人通過了美國ETS提供的託福考試，甚至有機構承諾只要學生交500英鎊，不管成績如何，都可拿到證書。該欄目還曝光了一移民諮詢公司從事提供虛假銀行證明的活動。英國內政部隨後決定，在評估簽證申請人語言能力時，不再認可美國教育考試服務中心ETS在英國舉辦的託福、托業等考試的成績，已有中國學生受到影響。

　　不過，無論千難萬阻，只要心有留學夢，加上腳踏實地，沒有過不去的坎。誠如一個女生說的，「說到底，沒有爛學校，只有不努力的自己」。

寫於2015年2月

文藝評論：

當天體在舞臺上運行

　　如果九男九女全裸地在北京798尤倫斯外整齊或淩亂地走動，不說一字，你會說這是行為藝術；而當九男九女在倫敦的舞蹈演出重鎮——Sadler's Wells舞臺行走，一兩千人觀看，當然你就會說是「行動藝術」。而這「行動」，就是舞蹈。

　　是的，我說的是5月10日晚上法國Olivier Dubois Company的舞蹈《Tragédie》（悲劇）。在一個名叫Olivier Dubois的年輕人（1972生）編導下，九男九女全裸登臺，直到謝幕時穿上象徵文明的衣服。一個半小時裡，他們演繹了人類從孤獨、交會、狂歡的發展歷程。貫穿全場的音樂是不變的鼓點聲，後期加入一些混音。

　　從戲碼的角度看，似乎演進得有層次感，可是在開場的半小時，你只能聽到單一的鼓點聲裡，舞者的行走：在分行的舞臺上，他們如同走秀的模特，只不過先是單個舞者走秀，然後是多個舞者的聯合走秀，但這都是機械式的行走藝術：舞者們像是平行線，永遠無法交集。當然，你可以理解為這是為了呈現人類的孤獨感。我可以部分認同，只是，這個前戲顯得太過漫長，很難讓人不出戲。

　　比如，我就想到了Johnny Walker威士卡的2010年的一則廣告

《Tragédie》劇照。

《行走世界的男人》，一個鏡頭到底，長六分鐘，主角就是行走
的一帥哥，不過，廣告內容藝術性地植入到他的路上了。

所以行走沒有問題（人類最早的舞蹈或許就是不同方
式行走），長度卻有講究，方式也得細思量。遺憾的是，在
《Tragédie》（悲劇）開場的半小時，單調、乏味是有的，藝術
性也被極大的削弱。最不可爭議的是，燈光雖有些小變化，並沒
有增加多少藝術分。

好在「行走」不是Olivier Dubois的唯一武器，其後舞者開始
有交集，音樂在呈現豐富性的同時，也體現了人與人交往的一些
樣態，當然有最極致的歡愉。一個場景是18人滾成一團，充分體
現了Amuse to death（娛樂至死），當光線變暗，微弱的燈光打

在人團上，確有呼應「悲劇」主題之效。另一場景則演繹了人類繁衍的祕密：性愛，男人的陽剛，女人的陰柔，通過整齊劃一的身體動作得以呈現。

不過，在交會、狂歡之後，舞者又重回「行者」的角色，似是一種呼應。一齣舞蹈，或許創下了所有舞蹈中舞者行走里程之最：舞臺上，我們可以清晰地看到大片的汗漬。可真要細究下來，整場演出，舞者在走著，走了多少冤枉路，他們或許會有反思，但不明了；我甚至認為，編導有時也沒想得太清楚：行走，是為什麼？不走，又會怎樣？

這就難怪，雖然這是《Tragédie》（悲劇）是在英國的首演（5月8日－5月10日），Olivier Dubois號稱全球前列的青年編舞家，英國的《衛報》和《每日電訊報》的記者看過演出後，一致性地給出了兩顆星的低評價。

但我還是要說，就沖編舞家想出天體舞蹈的這一樣式，我們首先就應對他豎大拇指，而不是中指。舞蹈本就是身體的藝術，天體舞蹈不過是至簡存真的一種努力。為了呈現真實，我們看到，編導選擇的舞者膚色多樣，而一女舞者明顯過胖。可這有什麼關係呢？

對舞者來說，全裸站在舞臺上，燈光刺目，其實與台下我們構造都一樣，不同的不過是體積而已，有什麼可稱奇的。

但有關係的是，當舞者走上舞臺，我們不會關注他（她）是不是穿了衣服，而是他（她）的身體在空中展現的曲線是否有故事，是否動人？舞者之間是否產生了化學反應？

就《Tragédie》（悲劇）來說，很像法國人拍的情色藝術

片，偏執得不近情理，不合邏輯。雖然天體在舞臺上運行，且用了不少苦力，可舞蹈的藝術品質還真不是走出來的，而是編導精心設計出來的。而就「悲劇」主題來說，開掘亦不夠。

好在，如果中國中央電視臺（CCTV）知道了天下有這樣的演出居然能公演，那麼把大衛先生的全身直播出去就太小兒科了[1]。

2014.05.11 0:23

---

[1]　2012年7月，中央電視臺新聞頻道報導在京展出的著名裸體雕塑「大衛」時，以馬賽克遮住雕塑的敏感部位，引發熱議。在複播時，未打馬賽克。

讓文學新人浮出水面

　　一個52歲的女人，幾年前才開始寫作，從未想過自己有強大的想像力，今年3月出版了平生第一本小說《Half Bad》（大陸譯為《混巫的抉擇》，台灣譯為《禁忌之子》）。上市當周成為英國青少年類最暢銷書，目前版權已經賣給45個國家，而影視版權也已賣給了《暮光之城》的製作公司。

　　這看起來像是一個神話，卻由莎莉·格林（Sally Green）將它變成了現實。她是英國人，現和丈夫、11歲的兒子住在柴郡。40歲時辭職在家帶孩子，三年前才開始寫作，自稱是為了打發在家的空閒時間。

　　當然，像莎莉一樣的傳奇，之前也有不少。比如J.K.羅琳也是英國人，25歲時在一班從曼徹斯特開往倫敦的誤點列車上想到《哈利·波特》小說靈感時，還是國際特赦組織的研究員兼雙語秘書。在寫《哈利·波特與魔法石》時，羅琳經歷了貧窮、母親過世與首次離婚，終於在1997年出版《哈利·波特》系列小說的第一本，此後魔法系列橫掃全球。

　　事實上，英國似乎有強大的尊重與扶持新作者的傳統，除羅琳比較典型外，今年莎莉是一個大熱門。可別忘了，去年英國也推出了一個小說家南森·法勒（Nathan Filer）。這位巴斯大學創

新寫作課講師推出了長篇小說《墜落之愕》（The Shock Of The Fall），這部處女作去年獲Costa年度圖書獎，而圖書版權已賣了十幾個國家。

當然，對每個作家來說，首秀非常重要，「一炮走紅」是皆大歡喜之事，但這要多方協力才能實現，比如作品本身的品質、發現的眼光與推廣的力量。就《哈利‧波特》來說，其走紅之路並不順利，羅琳曾向12家出版社投稿，但都被拒絕，直到遇到文學經紀人利特爾。

莎莉的作品《Half Bad》當然要順利多了，去年1月與經紀人簽約，隨後簽約企鵝圖書旗下的青少年圖書出版社。《墜落之愕》則由哈潑‧柯林斯旗下出版社出版。兩家出版社都有強大的推廣能力和行銷網路。當然，兩部作品出版後，網上讀者的點評中，「讚」的占大多數。

其實，中國文壇也曾經有過注重新人的時候。余華在《十個辭彙裡的中國》中回憶說，在1980年代初的《北京文學》編輯部看到編輯們安靜地仔細閱讀來稿，多是不知名作者的稿件。但幾年後，他發現已經沒有編輯在認真閱讀自由來稿了：「我慶幸自己趕上了一個美好時代的尾聲。如果我遲兩年寫小說的話，我想不會有編輯在堆積如山的自由來稿中發現我。那麼此刻的我，仍然是在中國南方的小鎮醫院裡，手握鋼鉗，每天拔牙長達八個小時」。讀來教人不勝唏噓。

不過，讓余華欣慰的是，「網路文學在中國興起，新興的發表形式終於讓有才華的年輕人可以破土而出了」。可是，大浪淘沙後，留下了多少金呢？還有多少真金等待被發現呢？

莎莉幾年前曾和一群媽媽級朋友參加故事節，激發了她的寫作願望，後來又花了一年時間在開放大學學習創新寫作方法。這種社會化的再學習方式顯然值得我們注意。我在英國一本雜誌上看一則寫作者培訓機構的廣告，標題是：如何成為成功的寫作者？機構宣稱有25年成功經驗，可教普通人如何寫作小說，如何獲得出版並賺取外快。

　　「為什麼不成為一個寫作者？」廣告詞確很響亮。對發現新人來說，首要條件是要有高質量的新人，這，當然得從熱愛寫作開始。

載北京青年報2014年4月1日

在倫敦看戲

　　2014年5月28日，凱文·史派西將重回戲劇舞臺，在其擔任藝術總監的老維克劇團（The Old Vic theater）演出《律師克拉倫斯·丹諾》（《Clarence Darrow》）。我人在倫敦，在上月開票後搶了一張票，29號的，才16英鎊。

　　事實上，如果你真的熱愛戲劇，一般不會急於「搶」票，倒會陷入艱難的選擇之中：到底看哪一部？還是都看？

　　說倫敦是戲劇之都一點兒不假，西區劇院（West End Theatre）由倫敦劇院協會管理，旗下多達49個劇院，而絕大部分位於不足3平方公里的市中心。這些劇院每天都有劇碼上演，有的劇碼一天甚至演兩場。

　　當然，劇碼的資訊隨處可見：各大劇院外製作的大幅海報、燈箱，雙層公車上的廣告、市中心有多處打折票售賣點，個別地鐵站也可以買票。每天各大報章都有戲劇資訊版及評論，它們的星級評定也會出現在劇碼的宣傳頁及廣告中。當然，還有「最後一刻」（Last minute）之類的網站，賣打折票，有的套票還含餐飲。

　　選擇之難在於，英國正上演的好戲太多：比如音樂劇《悲慘世界》、《歌劇魅影》、《摩門經》（The Book of Mormon）、

《媽媽咪呀》、《曾經》（Once）；話劇《生人勿進》（Let the Right One In）；老少皆宜的兒童劇《戰馬》；恐怖劇《鬼故事》（Ghost Stories）；還有實驗話劇《溺死者》（《The drown man》）……所以，即令你依據勞倫斯・奧利弗獎（相當於百老匯的托尼獎）去看戲，也有不知何時才能看完之感慨。

　　從上演的劇碼來看，經典與新劇皆有，其中，多數劇碼一演就是一年。而《悲慘世界》倫敦版本從1985年起不間斷地上演，是世界上連續上演時間第二長的音樂劇，倫敦西區上演時間最長的音樂劇。複排後從2004年4月再度開演，目前每天在女王劇院演出一到兩場。

　　但是常演的劇碼有共性：多是經由著名小說改編，有的之前已經改編成了電影。比如《生人勿進》是講女吸血鬼與12歲男孩的情感故事，小說大賣後拍成了電影。從各劇碼的演出宣傳單可以看出，編劇、製作人常常赫然在目，但演員的名字極少印，這顯然是注重劇本的表現。一個極端的例子是：實驗話劇《溺死者》是原創劇本，由於注重觀眾的互動性及劇情的複雜性，一朋友看了兩遍還沒參透，決定要再看一遍。

　　當然，英國劇院的服務和價格也讓人印象深刻。比如網上購票後，一般只收一鎊多服務費，可選擇到劇院自取票或郵寄到家。而票上常會列印上購票者姓名，到售票口取票，不需要證件，一般只報姓什麼就可取票。而看完演出，劇院有時還會發郵件做調查，聽取觀眾的意見。價格上也讓人覺得超值：一般可在開演前到劇場購買到優惠票，而在打折網站上，大多數劇碼在20英鎊左右，位置並不算差。這和北京比起來，顯然便宜太多。

這兩月裡，我看了多部劇，感覺劇碼均製作精良，其服務與價格又讓人愜意。這也難怪每次看演出，發現上座率均在八、九成以上。顯然，不少人把看劇當成了一種生活方式。官方數據顯示，倫敦西區劇院2013年觀眾達到1458多萬，同比增長4%；票房收入達5.85億英鎊，同比增長11%。60多萬觀眾去年看戲的平均票價為40英鎊。

要知道，倫敦在2013年常住人口為830萬，流動人口沒數據，應也不少。但一年1458萬人次看戲，卻是非常驚人的。真要說最重要的原因，那就是舞臺魅力太大了。

史派西就是一個好例子。他因《紙牌屋》紅到極點，可別忘了，他最開始是表演獨角喜劇的，後來在百老匯演話劇。2011年，史派西在老維克劇院主演莎士比亞名劇《理查三世》並全球巡演。上月在接受採訪時，他說，能拿到《紙牌屋》中的角色，《理查三世》的巡演功不可沒。

2014年5月

你好，律師史派西・丹諾

話劇《律師丹諾》　老維克劇院
演出時間：2014年5月28日-6月15日

　　觀眾席的燈光滅了。「咚咚咚……」，圓形舞臺中央光亮起來，正方形、二十來平米的木地板上是19世紀末的辦公室，一

《律師丹諾》劇照

人躺在巨大的辦公桌下，僅雙腳露在外，釘錘敲擊抽屜的聲音清脆而提神。一會兒，他爬將出來，用勁地試試維修成果，然後退場。

俄頃，這位穿西裝、白襯衣、背帶褲的中年男子返回到舞臺上，開始講述自己一生的傳奇故事。——是的，在倫敦老維克劇院（The Old Vic）你很容易就能看到：史派西（Kevin Spacey）著裝與《紙牌屋》裡的弗蘭克沒有多大差別，甚至，絮絮叨叨的風格依舊。不過，此刻的他是美國大律師丹諾，獨自一人站在一方舞臺上，時長一個半小時：不再是城府頗深的政客，而更像是一方戰場上的戰士，血脈賁張，為正義，為公平……

在舞臺上，史派西的道具是巨大的辦公桌、幾把椅子，一個茶几，還有小書架。他常用的則是各種式樣的檔框，裡邊有無數照片、報紙。書桌上他的一本記事本則成為重要的回憶中樞。他回憶起從小時父母特別愛買書，回憶自己第一次當律師。隨後，在律師生涯中的，與他有過交集的人和事，漸次展開，像是向一個神交已久的好友，講述那些平靜、衝動、憤怒與絕望的過往。

我稱他為律師史派西・丹諾，是因為他在表演中沒有痕跡，一如丹諾的靈魂裝進了身軀：全場演出大約要呈現一、二十張人物照片、幾張報紙和支持罷工的大標牌。它們位置各不相同，有的照片夾在一大本相冊時，但彷彿這裡是史派西多年的工作場所，每次他總是信手拈來，把故事娓娓道來。之所以能出神入化，這或許是因為這位奧斯卡雙料王（最佳男配角、最佳男主角）與律師丹諾很有緣：2009年，正是在老維克劇院，他也是丹諾，在話劇《向上帝挑戰》（Inherit the Wind）中為進化論張

目；1991年，他在約翰・大衛・科爾斯（John David Coles）執導的電影《丹諾》中演丹諾，而二十年後兩人在《紙牌屋》中再度合作。

說起來，獨角戲是非常難的戲種。孟京輝執導的《一個陌生女人的來信》也是獨角戲，可是黃湘麗還有床睡覺，有吉他可以彈唱，還可表演廚藝和自殺。但在話劇《律師丹諾》中，史派西只有辦公室裡簡單的道具，沒多少戲劇表演助力。因此，這需要好劇本，至少要張馳有度，還需要演員在表演時調動觀眾情緒。

英國衛報當年在評價史派西主演的話劇《向上帝挑戰》時說，「他最成功的是將激情與智慧熔為一爐」。是的，在獨角戲《律師丹諾》中，史派西依然是這樣，雖然沒有搭戲的人，但他可以一人分飾多角，比如模擬一個女人和自己的對話；可以在劇情需要時，走下舞臺指著觀眾甲乙丙丁說著臺詞；也可以突然坐到一對情侶中間，將劇情推進。雖然題材很嚴肅，也不妨礙他在戲中插科打諢，而冷幽默也會適時出現。全場至少可以聽到十多次觀眾大笑。一個笑點是丹諾批評一教師唯《聖經》至上，於是他翻開它質問：「夏娃是亞當身上的肋骨變的。那就是說在夏娃之前世界上並沒有女人……」（《聖經》記載，亞當與夏娃的長子該隱娶了妻）。

雄辯是丹諾的強特徵，他擅長以其人之道還治其人之身；可他也有深厚的人文主義底色，比如為罷工的工人辯護，為窮人爭權利。他有充滿激情的時候，也有絕望的時候：把一大箱求助信摔在地上，攤坐在沙發椅上：「我又能做什麼呢？」在老戲骨史派西的演繹下，丹諾有血有肉：他的血性、糾結一覽無餘。

說起來，54歲史派西對倫敦真是有深厚的感情，《律師丹諾》是他擔任十年老維克劇院藝術總監的紀念之作。三年前，他在同樣的舞臺主演莎翁名劇《理查三世》，其後全球巡演了半年。這次重返熟悉的舞臺，史派西說，「我是迫不及待要回到這個舞臺」。

　　對史派西來說，《律師丹諾》對他的挑戰遠沒有門德斯執導的《理查三世》那麼大。這是因為，理查三世有身體缺陷，史派西演出時要特意弓腰駝背，左腿從始至終綁著支架扭曲著走路。該劇2011年曾在中國國家大劇院演出，據媒體報導，北京的16位業內人士為該劇打出了96分的高分。而在《律師丹諾》中，史派西的演技真是沒得挑，他的氣場也足夠大，所以在上半場，可以說是精彩紛呈，反倒讓下半場的戲有些弱，這算是少有的遺憾。細究起來，劇本改編自歐文・斯通寫的傳記《律師丹諾的辯護》，或還有提升之處。

　　從劇場出來，我和朋友說，話劇《律師丹諾》就題材和表演來說，或許更應該在中國舞臺上演。或者，製作一個中文版。演員我都想好了，由陳道明來演丹諾。他的從藝經歷和史派西相同：先話劇又影視再話劇。兩人年齡相仿，氣場同樣強大。最重要的是，我相信他在話劇《喜劇的憂傷》裡還沒有演夠……

2014年5月30日於倫敦

談論電影分級時，我們在談些什麼

　　萊奧納多·迪卡普裡奧（Leonardo DiCaprio）主演的《華爾街之狼》今天在英國上映，髒字「Fuck」出現了506次，創了史上最多紀錄：平均每分鐘2.81次。且慢，要是你的孩子才15歲，你同意他（她）去看嗎？

　　這其實也是英國媒體提出的疑問。1月13日，英國電影分級委員會（BBFC）公佈了新電影分級標準，將於下月24日起施行。其中，最大的調整是髒話較多的電影，而電影中若有中度的性元素，12歲以上的未成年也可以觀看了，而15歲以上觀眾觀影的標準則更松（種族主義、同性戀等題材均可觀看）。

　　此舉一出，就引起媒體的質疑。比如1月14日的《每日郵報》的頭版頭條就是「向電影中的髒話投降：審查放寬，孩子們可以看充滿猥褻用語的電影」。報導中採訪了兒童慈善團體和家長組織的人員，並採訪了一位保守黨國會議員，都是反對之聲。比如有人反諷說：「除了分級委員會和播放的媒體，都知道孩子們會效仿電影臺詞說髒話」。議員則認為：「這反映了公認的好的行為標準在下降」。

　　英國電影分級委員會成立於1912年，前身是英國電影審查委員會。1952年新的《電影法》規定了未經分級的影片不得進行展

示和廣告宣傳，電影展示、宣傳和放映時必須顯示其分級標誌，並禁止兒童觀看不適合他們的電影。這次標準的調整是在2009年標準上的一次大調整。

該委員會對大調整也是有備而來，宣稱決策前用一年時間與全英超過10,000人（包括13-18歲的1040人）溝通，其中大多數家長（孩子小於15歲）審核分級標準時都持認同態度。在相關報告中，委員會稱：用「F***」這樣罵人的話很普遍，甚至小學生也用；而一些孩子可以用手機、電腦等很方便地看到有關性的影像。

媒體的批評似乎也很在理：最要緊的是要強化互聯網的入口管理，而不是不負責任地放鬆管制。可不是嗎，1月14日就有一條新聞說，英國首相卡梅倫說，學校應該告知學生網路暴力和色情短信的危險，學生也應知道互聯網和智能手機的一些危害。

說起來，電影分級確是一個好東西，這從近年來中國電影界時不時探討這個問題就可證明。可是分級應是全社會的，標準也應統一。比如在倫敦，就有專門的成人書店、同志書店。可問題是，默多克旗下的《太陽報》每天的三版女郎（第三版彩色裸胸女人大照片）照登不誤，40便士的報紙算低價了，敞開賣；在英國，色情網站是不設限的，什麼年齡都能看；在電視臺和網站播放的MV，不少都有性暗示的成分。美國歌手Miley Cyrus的MV《Wrecking Ball》，Youtube上快播放五億次了，裡邊多是全裸不露點的畫面。如同Lady Gaga的作品一樣，很多充滿性意味的MV在電視臺裡播放。

這就是現實中的悖論：彷彿電影的分級者們成了唐吉訶德，

獨自抵擋試圖摧毀文明與道德的巨輪。英國電影分級委員會放寬標準，或成了一種無奈之舉。

換個角度吧。去年12月2日，英國電影協會公佈了從2003年至2010年英國電影盈利統計數據。數據顯示，在已上映的613部英國本土製作或聯合製作的電影中，僅有7%盈利。

讓影片的觀眾面更大是否有助於英國電影產業的發展？目前尚不得而知。可以肯定的是，好萊塢影片《華爾街之狼》還難以成為英國市場的大贏家，因為它被定級為18（適合18歲以上及成人觀看），若下月底上市，它應該定為15級，觀眾只會多不會少的。

有意思的是，美國影片《為奴十二年》在美國定為R級（限制級，內有女性裸體鏡頭，17歲以下必須由父母或者監護人陪伴才能觀看）。該影片1月10日英國上映，前幾天斬獲金球獎電影劇情類最佳影片。該片由英國導演史蒂夫·麥奎因執導，在他的家鄉，影片被定為15級。

所以，當我們談論電影分級時，我們就想到了中國上映《蘋果》、《色·戒》[1]后引發的風波……

2014.1.17

---

[1] 《蘋果》由李玉執導，範冰冰、佟大為主演。於2007年5月18日在中國大陸上映。2008年1月3日，國家廣電總局吊銷該片的《電影片公映許可證》，停止該片在影院發行、放映；停止其網路傳播。官方批評其違規製作色情內容的片段（未經審查通過），並擅自將未經審查通過的含有色情內容的影片在互聯網上傳播及製作音像製品。

《色·戒》由李安執導，梁朝偉、湯唯主演。2007年11月1日在中國上映。2008年3月，國家廣電總局下令對湯唯進行限制，包括禁止電視臺進行任何形式宣傳，禁止播出其代言廣告等。2010年，湯唯複出。

以有趣對抗無趣：

像野豬一樣突進巴黎一周

　　有人問，為什麼要像「野豬」？因為它可愛，且勇敢，莽撞。對每個旅行者來說，這些關鍵字可以打成標籤，貼在他們的背上。在兄弟我看來，就旅行來說，追求一種不期而遇是一種至高境界，雖然一些小功課還須做，那不過是為提高效率而已。

　　以下這是我的個人經歷。我不太相信有什麼完美的旅行攻略，若有，那也沒啥意義了，有缺憾的美（如無臂的維納斯），或才是永恆之美。

一、交通與住宿

從倫敦出發到巴黎，最佳方式是Euro Star，即歐洲之星。全程近兩個多小時，票價提前訂便宜得多（還有不要求退款的話，更便宜）。大約去巴黎50歐元，回倫敦30多歐元。我回倫敦時誤了車（是在樓下等，看屏上沒有月臺資訊。我以為如在倫敦King's Cross Station一樣，看一下護照就直接上車。錯了，回倫敦要到二樓，須辦一系列入境手續。）。向售票處解釋了幾句，對方大筆一揮，重新打出票來，升格為100餘歐元的二等票，第一節車廂，免費升級。要是坐廉價航空Easy Jet，我想誤點多半得重新買票。

歐洲之星終點站巴黎北站（Gare de Paris-Nord）其實就在市區，離Metro多路地鐵都很近。M2就可直接到我訂的酒店（The Loft Boutique Hostel閣樓精品旅館）附近的Belleville站。

在巴黎，市內交通主要是Metro地鐵，單程1.7歐元（也可坐Bus），可在全城各線路換乘，僅入站時要過一下票。10張票13.7歐元，有優惠。以我個人的經驗，6天跑的地方多的話，應購買20張票。剩不了幾張。

在巴黎北站內和各地鐵站自助機或櫃檯，都可購買車票。到凡爾賽宮和楓丹白露，屬城外，倒地鐵後，要再購買票。到凡爾賽宮，往返大約6歐元。

再回頭說酒店，LOFT酒店有多種房間，有六人間，也有四

人間。我選的是Mix 4人間。這是男女混住的房間，很有意思：在小屋裡，兩個上下間，每天認識不同的青年男女。共用衛生間。

　　這是我到巴黎後受到的第一衝擊。據說在中國的青年旅舍，也有男女混住的。但我從未體驗過。

　　酒店充滿青年氣息，常有人在中狹窄的中庭海聊，最煩是有的大聲聊到凌晨兩三點，所以晚上需要緊閉窗戶。不過，在前臺邊的就餐房裡，看世界盃，喝免費咖啡，認識不同的人，也是一種樂事。

　　這一酒店在各大預訂網站的評價都不低。其周邊有無數中國人（開酒樓的，在路邊賣小菜的，尤其是那些站街拉客的中年婦女，直接打掉你的民族自信心。）早上地鐵站外一條街，亦有各色人種參與的跳蚤市場，賣舊衣服舊電器。

　　我住了六天，278歐元（提前訂的）。該酒店有WiFi也有免費早餐，甚至，可以自己Cooking.

二、博物館通票

　　有兩日、四日、六日幾種。

　　我購買的四日型，50多歐元。在巴黎北站內可買，不收現金，有1歐元多的手續費。到博物館也能購買，但可能需要排隊。

　　四日型通票是指連續四天裡遊覽。巴黎幾十家博物館，開放時間不少是上午11點到下午5點，根本看不完。但過了四天，一般也能用，管理員不太查。

三、我的巴黎七日

7月2日 住下 逛近處

　　下午五點多到酒店，背後有一公園，不少人在享受日光浴，男女同曬，一女裸著上半身躺在草地。

　　上山看巴黎小半個城，居然可以看到艾菲爾鐵塔，說明它的確太高了。當然晚上也可上去看夜景。

　　附近一些街道，可以逛，特別要留意牆上的巨幅藝術塗鴉。

　　另有一個教堂，很雄偉，可進去觀賞。

　　晚上，酒店裡過道（中庭）有不少男女聊天。你可以加入進去。比如我就和一哥們聊了音樂（美國來的，為劇院作曲）。另一女的，是英國東北一城市NHS醫院系統的一前臺，她工作了七年，未婚。說有三個月假，頭次來巴黎，還會到尼斯，再到義大利等，看能否在路上遇到意中人。

　　我同屋已住了兩澳大利亞女生，20及21歲，算發小，一個大學新聞專業畢業了，工作前旅行；另一女的想換工作，還沒想清楚，於是先旅行。兩人將在歐洲旅行三個月。

　　我上鋪是一日本小哥，嚴重感冒，一晚都戴著口罩咳。他痛苦我們也痛苦。說已經咳嗽了一周了。一晚上休息不好。這就是沒錢住單人間的代價。

　　好在第二天一早，他就退房，飛走。

愛這個世界 雖然它不夠完美

7月3日 盧浮宮 愛情鎖橋 書店

　　一大早吃了免費早餐，直奔盧浮宮，基本是第一波進入。因為持有Museum Pass可以在地面貝聿銘設計的金字塔處優先入場。

　　進入後我直接問蒙娜麗莎在哪兒，彷彿她是我失散多年的情人。

　　實際上要走很遠，因為她或是最大牌。只能遠觀，還隔著玻璃。

　　然後就逛整個宮。

　　注意，每個廳都有紙質只能借閱的說明，但只有法語版和日文版。你不佩服日本人不行，可能是捐贈錢多的緣故。

　　若你有心，亦可租一語音導航。

　　我沒有，所以像野豬，只是近近地看，拍照。於是，才知道，原來斷臂維納斯也在這裡，原來《馬拉之死》、《自由引導人民》也在這裡。其實就放一幅《蒙娜麗莎》或一尊維納斯就足夠魅力了。法國人太厚道了。

　　盧浮宮主要是繪畫和雕塑，需要品，所以去之前可以帶些乾糧。當然地下一層也有吃飯的地方。

　　逛完後從入口處回到地面，可以拍拍廣場圖，三輪車夫圖。然後就近走到賽納河邊（幾分鐘）。過橋，在南岸沿河地面，有240家鐵櫃二手書店。有無數好東西。比如18世紀末的巴黎畫報（1890-1908？），有不少內容與中國有關，3期10歐元。我買了10期。

　　當然，還有精美的彩色與黑白版畫，比如清朝時期老外坐中

國轎子的版画。鐵櫃二手書店的老闆們都很專業，分年份分主題高掛著。它們多是從書上而來，極珍貴。一般30歐元-80歐元一張不等。當然也有中國的原版春宮圖，大約300歐元一張。

有特色的是1890前後法國的時尚版畫（以女性與孩子為主，是彩色的），極度精美。一般10歐元一張。裱在鏡框裡掛牆上，立現品位。

這些店一般不下雨就會開張，即使下雨（巴黎夏天的雨水彷彿多），也有開的。另外，這些書店多賣法語舊書，100多年的書不少，亦可淘寶。

1804年印行的版畫：《北京鳥瞰》，地點應是頤和園西。18歐元購入，算是中國系列中最便宜的。

書店老闆中，有的英語一句不會，有的還可以。看運氣。

沿塞納河，你可看到河上不時有遊船漂過，當然你也可以坐一把。但往南走不多遠，你會驚訝地發現，原來愛情鎖橋（木橋）就在眼前，一個掛鎖賣5歐元。

附近的一小街也可轉轉，然後吃吃飯。

7月4日 蓬皮杜中心

11點開，來早了，附近很有轉頭。

有一教堂，沒開門。但附近一面牆上有巨大的藝術人像，應是達利。

廣場的地上，一男子直接用油彩在創作，彷彿是冰川時代裡的松鼠。很有水準，接受捐錢。

蓬皮杜是當代藝術展館，有五層，建築都超現代，像一在建

工程。第五層可看城市風景，如艾菲爾鐵塔及聖心堂等。

在這裡，有不少中國藝術家的作品，如劉海粟的油畫，徐悲鴻的水墨，潘玉良的裸女圖。第四層入口邊，有已故香港藝術家陳真的裝置作品：《民主大會》（？）。一方大圓桌上，寫著「權利是兒戲」等一大段漢字，卡在桌面的各種椅子有意思，居然有兒童椅。我出國前不知道他，其實他在西方藝術界應聲譽顯赫。比如在倫敦泰特當代藝術館也有他的一裝置作品，用算珠製作的，很有藝術創造力。

臨時展覽的方力鈞作品也很醒目，似是宣紙做的臉譜主題。

還有一些裝置藝術也可瞭解下，有的其實莫名其妙，甚至無語。比如一藝術家用刀在大腿上刻單詞，看血浸出來（當然，這是錄影）。

還有一中國藝術家創作的《愚公移山》，幾個大肖像，一個黃種人臉上從墨字小到多直到變成黑人。另有Liu Wei的天安門題材短片值得一看，名為Floating Memory，長十分鐘。

我逛到下午四、五點，附近還有畢加索博物館，但問一店員，說未開放。附近還有一歷史博物館，11點到下午3點就關了。自然博物館，5點半也關了。都關太早，無語。

於是四處走走，南面有一巨大的廣場，正在直播法國隊的世界盃比賽，警力無數。走路到St Michel站附近，路過St Severin大教堂，很雄偉，沒開。見電線桿上有一廣告，宣稱是巴黎最大的全英文圖書店之一。

書店名為The Abbey Bookshop。老闆Briane給的名片顯示有25年歷史，位置為29 Rue de la Parcheminerie, 75005 Paris。書店

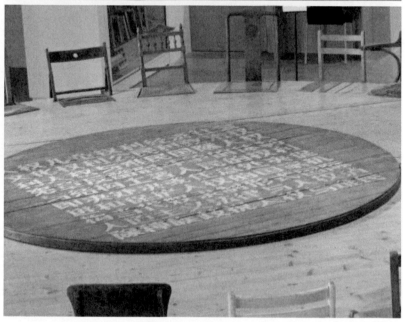

快下班了，也沒顧客。

書真不少，放得密密麻麻，地上一層，地下一層。地下特像防空洞，有關於中國的書好幾本。我找到一本何偉的《甲骨文》精裝英文原版，小標籤寫30歐元。我拿上來問他，多少錢？他說至少28歐元。

我太失望了，這書2005年出版的，原定價還沒有28歐元。我跟他說，這書在中國購買，也就10幾美元。

想起上午我曾在蓬皮杜附近逛了一家書店，確很溫馨，居然有中國子集的法語系列。也有少量舊書賣。但法國書店的一大特點是99%是法文版書。

在附近一家小香港飯店吃中餐，套餐是6.9歐元。到樓上吃飯，五六個桌子，沒人。快吃完了，才來了兩小夥吃飯。

吃飯後到樓下逛街，街中心，一帥哥搬了一架鋼琴來賣藝。超強。另擺有一排椅子，幾個華人模樣的中年男女在為路人按摩頸背。

旁邊有一家影院，電影基本上都是法語片。問售票員，有英文字幕麼？說沒有。一般都沒有。電影票價一般在8到10歐元左右。

傍晚，到附近吃飯。有一家西湖酒樓，中國人開的。12歐元套餐。

中餐很地道。店員或也是老闆，或六十多了，說是1962年到巴黎來的。

與倫敦不同，在巴黎的中國餐廳，老外就餐的多。很有意思。在DK Eyewitness系列《Paris》（共448頁）中，就推薦過一

些中國餐廳。

晚上回酒店，來自費城的黑珍珠小妹Amanda（22歲，大學剛畢業）住進來了。說要到明天要到凡爾賽。想到我的博物館通票只有四天，問她可否同去。她說好啊。然後一起研究路線。

Google地圖有誤，說要倒公交171，到前臺一聊，根本不用，換鐵路可以直達。

7月5日 凡爾賽 艾菲爾鐵塔 賽馬

八點多出發，到Invalides站，再買票C線到凡爾賽，往返6歐元多。比起英國倫敦的交通費，巴黎還是便宜些的。

火車很有意思，是雙層的，車到一站，有兩人上車手風琴賣藝。

到凡爾賽宮站後，還得走七八分鐘，才能到宮。路易十四騎戰馬的雕像在宮前的大廣場上，而宮殿外鍍金鐵柵欄展現了皇家氣派。

一看進宮的長隊人群，我和Amanda商量，先到後花園看。結果她能進（全票25歐元），我的通票不能。今天有噴泉秀，還要另購9歐元門票，排隊幾分鐘購買到票，已經尋不到她了。

開始遊園，有特色的是處處可見（成排的）大理石雕塑，以及樹牆（一種奇怪的樹，長得很直，栽一排就成了牆）。

一些水池則散落在牆之中，內有銅的雕塑，亦是噴泉所在。而樹牆又像是布了八卦陣，很容易走錯地方。值得一看的是，阿波羅沐浴雕像。噴泉秀時，鏡湖（Bassin Mirror）最壯觀。隨著

不同的音樂，噴泉是隨著節奏展現。

　　花園實在太大，走得腳痛。另：在花園裡正展出一韓國藝術家的作品，主打是人造隕石。

　　其實Grand Canal（即最大湖）裡還可坐船到百年前某公主的隱秘花園，有一些建築，須坐船前往。我是參觀完後在一本介紹書裡看到的。

　　再回到宮殿的建築，也足足要用兩三個小時品味。最吸引人的是那些油畫和鏡廳Hall of Mirrors（凡爾賽宮的中央走廊，世界最著名的房間之一），即宴會廳，長方形，面積很大，吊燈很是奢華。

　　其中有一幅拿破崙加冕圖。這一幅圖讓人眼睛一亮，因為在盧浮宮也有。一問導遊，原來同一畫家畫了兩幅。

　　今天亦有凡爾賽裡的中國文物展，雖然數量不多，但有瓷器、清帝畫像（郎世寧作品），明清生活繪畫作品，還有古書都值得品味。

　　說起來，路易十四（亦是凡爾賽宮的發起者）是非常重視與當時的中國聯繫的，大量購進中國的瓷器和其他工藝品。而一個公主甚至把一間臥室裝飾得非常中國化。

　　回城時，坐C線，到Champ de Mars下，一下來就見艾菲爾鐵塔。我是反向走，走過塞納河的鐵橋，向北走，感覺是在爬山，再往東走，實際是在 M De La Marine附近見到熟悉的場景：石徑上坡，盤旋上升到高處的樓房，特別像重慶。再往東走，穿越Palais De Chaillot。它相當於中軸線上，艾菲爾鐵塔的正北方。真是最佳觀賞與拍照之地，此地亦是一個大廣場，有巨大的噴泉

和雕塑作品。

　　走到艾菲爾鐵塔下，有兩種方法上塔：5歐元，徒步爬上二層；15歐元，電梯上頂層。要說這橋，也沒啥藝術性，但一百年多前建的，技術水準還是不錯的。新近為紀念開塔一百多年，做了小號的全紅色塔在南面空地上。

　　像一頭野豬，有時亂走確有好發現。比如我再往南走，八點多了想吃晚飯，卻發現Ecole Militaire前的廣場上正在舉行全明星賽馬，電視直播，一邊是訓練場，選手有男有女，來自歐洲多

國。我第一次現場看賽馬，其主題是Jumping，即跨欄，確實好看。水準亦很高。比速度，也比有無失誤。很幸運，我親眼見證了法國選手奪冠。比賽中，一個選手的馬翻了，選手摔地，但彷彿沒事。現場的掌聲比冠軍表現時的還多。確是高雅的運動。只有一個女選手，很帥，性感。

說起來，賽馬真是奢侈運動，因為太複雜。比如要有專業運馬的車，比如現場要有救護車，還有種種技術支持。在廣場邊，一店在賣真皮馬鞍，報價，6000歐元。再說，挑馬、養馬、訓馬，都是無比複雜的事情。

那個女選手對自己的愛馬錶現似很滿意，離場時，吻了馬脖子，想來那是幸福的時刻。

全場都是免費觀看，有固定座位，亦是免費，但票或是要排隊拿的，難。正是奢侈運動，全場贊助就倆公司：Gucci、Longine。

問管道路通過的小妹，說第二天還有比賽，從9點多到下午七點。

地鐵Ecole Militaire站附近吃飯，餐館La Terrasse置外的菜單顯示，它是2014旅行者之選。12歐元，味道不錯。有米飯，也有西方佳餚，中西結合。

值得一提的是，巴黎街頭的餐館都會把菜單及價格放在店外邊，店外亦有大量桌椅方便就餐。彷彿每家生意都很好。有的法餐廳價格在不同時間有變化，比如某餐館下午七點前套餐是12歐元，之後就變成16歐元。

不少餐館的服務員聽不懂你的英語，外置菜單方便了你，直

接指給他／她看就行了。一般會問你要不要飲料，說不要，也會送一瓶水給你的。

7月6日 聖教堂 古監獄 巴黎聖母院 莎士比亞書店

之前其實到過City地鐵站，但太晚，附近的聖禮拜堂都關了。於是今天來。這其實是一個島嶼（即西岱宮島），聖教堂、古監獄、巴黎聖母院均在此島嶼上。

Ste Chapelle即聖禮拜堂，為路易九世欲保存耶穌受難時的聖物（荊冠）而建，購買價比建造禮拜堂的費用還高，1242-1248年建成。它曾是中世紀歐洲的「新耶路撒冷」。

它的看點是其哥特式建築，以及上層的眾多彩繪玻璃窗，確實驚艷。

看完後邊上有巴黎裁判所附屬監獄。這是歷史的見證。羅伯斯庇爾曾在此設革命法庭。瑪麗王后也曾被囚禁在此。有意思的是，監獄裡還有個小教堂。

監獄不遠處就是巴黎聖母院。排很長隊。在巴黎，一般教堂都是免費的。該院同樣如此，不過到處是2歐元點一小蠟燭的廣告。

如果你運氣好，裡邊會舉行儀式。因今天是周日，就遇上了禮拜儀式。主教是一黑人。

若時間允許，就靜靜地坐在教堂中，想一些人生問題。

附近吃飯，大雨。稍息，往南走，過橋，塞納河邊的鐵櫃書店有一個開著。正要收工。無比優美的版畫，20歐元購買了兩張。

旁邊不經意間就發現了莎士比亞書店，這是之前就計畫要來的。

　　這家書店當然不是法國人開的，算是異類，因為只賣英文

書。在法國，一般書店賣的英文書極少。在大街上，問路，無數當地人聽不懂英文，也不說英文（據說是故意的）。

　　到二樓，非賣區，是老闆自己收藏的書，僅供閱讀。有一舊鋼琴，一小夥兒在彈，一會兒另一帥哥接力，專業水準。

　　從下圖中，別人的女友的表情，你就知道，有一雙好手，該有多風情。

　　稍許，一老太開始在另一間屋時忙活，原來她是老闆Geodge的好朋友Panmelys（住在巴黎的英國威爾士詩人。網路上有她的官網，Youtube上有朗誦「Shakespeare's Muse"視頻），主持免費茶會（每週日下午，已持續二十多年）。她看起來七十歲了，拿了些甜點，并燒水、泡茶。她對老闆的女兒Sylvia Whitman讚賞有加，說有幾月大的孩子，還在打理書店，在同年齡人中少

見。當天Sylvia在樓下當收銀員，長得像演員。

老太很健談，談書店的歷史，1940年代，美國的總統來過，金斯伯格來過，吳爾芙也來過。有一本關於該書店歷史的書，在書店賣，10歐元。

她是英國人，見多識廣，多國經歷，有多國朋友。出過詩集，也繪畫。說了幾句話，還是有意思的：

We should commit one thing: never learn to enjoy it enough.

Believe more goodness than badness.

不見得是她自己的話，算是有歷練的東西。她讓在座的自我介紹，以讓大家相互認識。有日本來的，有印度的，也有德國中國印度挪威的⋯⋯國際大家庭。隨後她朗誦自己的詩歌。

真是愉快的一個多小時。

下樓，看書店的書。有的書似是該書店特有的。套封上有特製的書店LOGO。

但是，書的原定價是英磅，但在此店，以歐元重定價，基本會更貴一點。

趕到Ecole Militaire北廣場看賽馬，太晚了，只看到一訓馬師在訓十幾匹馬。確實開眼：可讓全部馬裝死一動不動。說明人和馬的智商都高。中間還有一匹小馬，足夠強。

後來才知道，7月4、5、6三天是賽馬會。

開始暴走，朝不遠處的金頂建築LHotel des Invalides（巴黎榮軍院）走去，太晚了，進不去。後來才知，它裡面埋葬著拿破崙。

往北，是Pont Alexander橋，很雄偉，再往北是Grand Palais

和愛麗舍宮（總統居所），可惜綠樹成蔭，看不進去。警員倒並不多，一處一兩人。附近則是著名的協和廣場（Place de la Concorde），巨大無比，抬眼向西可看到凱旋門。晚霞中的廣場非常美：眾多雕塑、紀念柱、噴泉，巨幅屏顯廣告和在塞納河邊的燈光船隻，再加上遠處的艾菲爾鐵塔，組成了動人的夜景圖。

7月7日 凱旋門 香榭裡大街 紅磨坊 蒙馬特 聖心堂

到Geoge V地鐵站下車，凱旋門和香榭裡大街近在眼前。

西南方有教堂，於是去，原來是美國大教堂，亦不錯。巧過中國駐法大使館。

因為出發晚了，先吃午飯。

特別要推薦這家La Belle Ferronniere（一查，才知它是美麗的費隆妮葉夫人，達芬奇畫了一幅肖像畫，現存盧浮宮）。它旁邊有家中餐廳，叫葉園。

雖然我點的這個是涼菜的，14歐元，但極精美，不忍心下口。

說起來，Disney的《美食總動員》就是講法國大廚師的故事的，你想起那隻老鼠了嗎？？

一般來說，路邊的高級餐廳一般都有WiFi，我用手機PO文，再假裝富豪去逛奢侈店。剛才路過的一家服裝店，我就看中了一件。進去一問，義大利產，真絲做的，報價7800歐元。又逛了下愛馬仕，人不算多，一條絲巾三四百歐元，一雙皮鞋好幾千歐元，衣服多是七八千歐元。

其實就店外廣告來說，LV的最打眼，因為有猴子（今年是

中國猴年）。但最好的廣告是唯一奢侈店外排隊的人群。當時就想爆笑：像購買白菜那樣購買LV。細看右圖。

大街東北側有賓士展廳，值得一看。

然後就是凱旋門，拍照、合影不可少。欣賞浮雕，據說右者最有名，《馬賽曲》。樓下，紀念的小焰火一直燃著。

最應該做的是上樓，俯看樓下如蟻的路人（有LED直播）俯看全城。門票9歐元。樓上拍全景圖。一個感受：巴黎城市景觀保存很好，有歷史感。

凱旋門南側坐M2到Blanc，出站就看到大風車。那是Moulin Rouge的標誌，即紅磨坊。演出從9點開始，兩個多小時，100多

歐元，還要提前訂票，太貴了。東邊一家店門口，一七十歲的大
爺衣著紅色像衛士，說這兒有表演，我給你優惠，20歐元送一杯
酒。他自稱是這家店老闆的朋友，英語流利。在店外，大量演出
照片演示，這是一家色情表演場所。實話說，價格太便宜了。他
甚至直說，這兒有特殊服務，雙向選擇。

　　我左轉再右轉再直行，向蒙馬特高地走去，提升自己的檔
次。很有家鄉重慶的地形感。抬眼看到另一風車，問邊上一酒吧
（有吉尼斯紀錄的）的小哥，說是私人的不開放。好吧，走石板
路上山。

　　山上有一家更有品位的餐館。相信我，沒有帶伴侶來是可
恥的。

　　再上山，這就是山上文藝高地，在無數的畫廊，餐飲店，也
有畫肖像的，40歐元一張。水準不低。

再走就是聖心堂（Rue du Chevalier de la Barre）了，可愛、圓潤的建築，太晚，關門了。

但這兒是看夜景的高地，很美。晚上11點，在下山的左側是可以看到艾菲爾鐵塔幾分鐘的閃光安排。

更有重慶風格的是，上下山有纜車（Funiculaire），能坐十來人，刷地鐵票進。

另外，在聖心堂西側，有舊式毛毛蟲列車開往山下，6.5歐元，算是別樣風情。

7月8日 世界第一所新聞學校 巴士底廣場 雨果故居

到Olympiades地鐵站，走一百米就是裡爾高等新聞學校：

Ecole Supérieure de Journalisme E.S.J
107 Rue de Tolbiac
75013 Paris

　　它號稱是世界上第一所新聞學校。我進門探訪，一女士將行政主管Frederic Dupuis叫出來，說他會英語。我們在過道聊。另一教英語的David Carr-Brown也在場，他是在這個學校教英文的，是電視製作人，遊走倫敦與巴黎，担心Frederic需要翻譯。

實際上，這種担心是多余的。

Frederic說，每年大約畢業120多學生，八成在媒介行業，算是專業人才培養重鎮。他說，現在有三個中國學生，攻讀MA，學習成績很好。他四年前到過北京。我說中法新聞學術間或應更多交流。他說，的確很少，處於開始階段。拿了份學生辦的報紙，很關注時事。想到校園走了，他說關了，因為在假期。

在附近轉了下，發現這也算是一個華人聚居區，有不少中國超市和中國人。有一家書店名友豐。櫥窗裡放著氣功的書，這在國內也少見了，重回1980年代了。文化活動資訊倒是不少，比如姜昆等的曲藝演出，招募中國人參演法國電影的廣告。

再搭地鐵前往巴士底，中學課本裡學過，印象還有。以前天真地以為巴士底獄還在，或有個博物館，但實際沒了，現在空餘一廣場。

還好附近有雨果故居。要走十幾分鐘，所幸路邊還有一家二手音像店：

CICD

12 Rue Saint-Antoine

75004 Paris

分類極其專業，比如有一類是：Gay/Lesbian。

我買了兩張黑膠唱片，有一張1歐元。

幾乎沒有中國影片。唯一的例外在進門的收銀台下方，赫然放著中國的水墨經典動畫影片《大鬧天宮》。我和收銀的小哥聊，他居然看過，評價也很高。

旁邊亦有一家書店

Librairie La Belle Lurette

26 Rue Saint-Antoine

75004 Paris

　　這是我迄今看到中國文學作品最多的書店，雖然它的面積並不大。它有好多種中國的小說法文版，老舍、張愛玲（傾城之戀）、莫言等的小說都有，雖然不全。

　　如圖所示，這個亞洲題材圖書專架，但實際上貼上了「祥龍獻瑞」的中國貼紙，還有一條龍。應是2012年置放的。

在往孚日廣場（Place des Vosges）雨果故居的路上，有不少有藝術氣息的小店，賣首飾工藝品之類。

孚日廣場中央其實是路易十四騎馬塑像，所以我誤以為這是路易廣場。去的下午正有日本的電影公司在拍片。說明此地算是很上鏡，廣場呈正邊形周邊不少畫廊，風格各異，當然也有雨果餐廳，我在那裡吃了午餐。

雨果的故居在東南角，你真問現場的路人，不見得都知道。這是雨果全家居住時間最長的住所之一，現已盡最大努力還原。雖是免費，入門口有自願捐獻的提示，大寫的漢字「謝謝」提醒著每一個中國人。

故居共四層，實際你只可參觀第二層。但樓道裡已經是春光乍泄了。

當然，最好風光在室內。他的書房整個就是中國化的：燈籠，磁器，繪畫，全是中國的老東西。如今在中國，你應該是難以復原出來了。正如李安所講，中國人（或尤指大陸人）不留老東西。於是拍《色·戒》時，那副麻將是從香港借來的。

看圖，你確定有的你真看到過嗎？

與前文呼應一下，看到雨果故居裡濃濃的中國風，7月2日一下車，被站街大嬸們奪去的民族自信一下子回來了不少。

參觀完雨果故居，下樓，巴黎下了暴雨。或許是因為我晚上就離開了吧。想多了，巴黎的夏天確實雨多，但以陣雨見長。這和倫敦類同。

本想到塞納河坐遊船的，一想，罷了，留待幾十年後吧。

四、巴黎行的遺憾與建議

1.遺憾：

　　一周時間，我除凡爾賽外，均在城裡。但感覺時間遠遠不夠。三十多個博物館，只去了幾個，比如著名的奧賽博物館、羅丹博物館都沒去。艾菲爾鐵塔也沒上去。

　　巴黎的其他城堡、楓丹白露都沒有去。當然更別說里昂南特尼斯戛納了。

　　每天，我都在行走，其實是可以租自行車的，4歐元4小時，很方便。包括在凡爾賽的後花園，也應租車，因為它太大了。還應租船到公主們建的祕密花園裡看看。

　　另外，應該帶單反。我的照片是用手機S4和卡片機G12拍。拍了一千張以上，但表現力上有遺憾。

2.建議：

　　7月14日（建國日）一大早，到凱旋門看飛行表演，當天還有焰火表演。

　　如果安排恰當，可以在凱旋門上看巴黎夜景。還可以在巴黎坐熱氣球上天鳥瞰這座浪漫之都。

　　若你比較有錢，完全可以在塞納河邊的鐵櫃書店裡淘寶，

把那些一百年前的中國題材版畫全收了。這比LV愛瑪仕更有價值。

3.相關圖書推薦

旅行書指南：DK的「目擊者」系列之《PARIS》就不錯。我是在倫敦查令路舊書店，花了一鎊購買的，中國印製，但極精美。

其他書：史景遷的《胡若望的疑問》（Question of Hu）。我是在列車和輪船上看完的。值得看。它講一中國傳教士跟一法國人到法國的故事，內中苦難足以說明文化交流之難。

另外，清朝向歐洲介紹中國的第一人——沈福宗的事蹟也應瞭解一下。

看起來，這兩人在中國歷史教科書裡從沒出現過。但是，他們對中法文化交流貢獻很大。通過他們的故事，也能瞭解到中法之間，在一百多年前就有深度的政治、經濟和文化交流。

這會激發你在巴黎尋找中國印跡的興趣。

五、關於巴黎的總體印象

1.性感與優雅

性感一方面是指：街頭的那些性感廣告，報紙雜誌店裡銷售

成人情色雜誌（本土的男性雜誌為LUI不差PLAYBOY。LUI在法語裡是‘他’）。網址為http://www.luimagazine.fr/還有博物館和街頭的眾多雕塑或藝術作品，他們以性感的身體為美。

另一方面，當然也指街頭的活人。你很容易發現性感的男女穿行在大街，走入地下鐵。

優雅是指生活態度，舉止。

地鐵上永遠都有看書的男女。餐館的服務員也很優雅。他們的小圍裙有意思，腰上掛著裝硬幣的皮袋子，規整有序。

當然還有我提到的莎士比亞書店。

2.本土化與國際化

從書店和影院看，甚至從博物館展覽說明看，很難找到英文。回到倫敦，房東Winie說她從來沒有去過巴黎，Jimmy說幾年前去過。他們對巴黎似乎都沒什麼好印象。

我提到很多巴黎人聽不懂英語，也不說英語。這兩口人一笑：他們大多數會說，但refuse to say。

或許這是文化自信，或是一種公開的抵制。

我後來一想，這或與滑鐵盧戰役有關。因為英荷聯軍把拿破崙打敗了。英國人將其囚禁至死。但實際上拿破崙是法國人心目中英雄，從他遺體歸國的禮遇與現在的安葬方式就可看出。

但另一方面，法國又是開放性的。比如對中國文化藝術的尊重（想想看，送了多少騎士勳章給中國文化界，還有電影獎項），以及對世界美食的接納。

但相比巴黎來說，倫敦更加國際化一些，反倒是自身的特色少了一些。

紀念2014.7.2-8巴黎之行

愛這個世界
雖然它不夠完美

歐行短歌

蘇格蘭

我們熱愛城堡、湖泊和突兀的石頭山
不過是因為執著於真切的歷史
爭鬥、酷刑和到處噴發的火山
在現實的腳下隨處顯影

讓Pipe Band上場吧
穿上標誌的男式裙，筒襪紮緊
用力吹響百年滄桑的風笛
讓老年少年在樂曲裡共鳴

或者，讓羊群牛群在如畫草地上起舞
陽光柔和　　輕風撫面
不需要牧羊人牧童的指引
遠遠放牧　　自主歸戶

把自己放平在無數的湖邊海岸邊
貪婪感知世界的無限美好
在人煙稀少的動人之處
成為村莊旅居畫家手下的一筆

抑或，忘掉曾經的一切
在或大或小的島嶼閒居
日出前起，日落後息
閱讀他人故事，寫作自我心事

即令與城堡為鄰
我們感念的是千年教堂百年建築
那些石頭路上閃現的每一個腳印
它們的方向奇跡般一致
路標上寫著：Freedom
一如我們心靈上的圖騰
穿越幾億年的山川
匯聚成歷史與現實最大的合聲

On the train from Edinburgh to London Euston
17 Sep 2014, The day before the Scotland Referendum

愛這個世界　雖然它不夠完美

2
5
2

GOOD LUCK, LONDON

一天二十四小時
整座城市醒著

看紳士們酒吧外站著碰杯
聊一天或一生的故事
Fish&Chips已經備好
想像海洋的風吹入碟裡
內心裡翻起波浪
牆上，百年招貼畫簇新起來

何止展館裡才博物？
在維多利亞時代的建築裡
歷史以藝術的方式現身
大街上，地鐵裡
時間，在前行，在靜止

把自己裝扮好
在西區見證《悲慘世界》裡的《歌劇魅影》
每天，悲劇喜劇人生劇準時上演
一如川流不息的靜默人群

變與不變

公園裡跳舞的松鼠，海德公園裡的巨松
總知道風的方向，雨的數量
還有情話的分量
一如倔強的小草瘋長

在泰晤士河上游弋
傳統與現代總是層次分明
水鳥在The Shard[1]告訴你
讓時間追趕時間
古老的磚石路會記住這一切
就像陌生人在路上照面
總會以熟悉的微笑問好

倫敦，整座城市醒著
友好的姿態刷新著
在星光點點的夜空
聽不停歇的脈動
離人無淚，歲月有聲
Good Luck, London

紀念2013.12.12-2014.11.9英倫訪學之旅

---
[1]　倫敦最高建築。

在巴黎

在巴黎
沒有情人同行是可恥的
一如我們從地鐵鑽出地面
歷史與景色撲面而來
教人難釋心懷

在巴黎
時間走過來又走過去
愛菲爾鐵塔閃耀著霓虹
凱旋門下紀念的火焰準時點燃
風雨打進光的流年

在巴黎
塞納河水靜靜流過
載動萬千遊客載不動離愁
岸邊的鐵櫃書店們留下了線索
昨天今天明天在悄悄流轉

在巴黎
想哭的時候請到蒙馬特高地

或者莎士比亞書店二樓
看四面燈火或夜城市的靜謐
或聽陌生人彈響鋼琴，朗誦詩歌

在巴黎
想帶走她的一切是可恥的
她的性感與優雅
在角落裡，在路邊小店的明信片裡
你，只不過是帶走了自己

8 July, 2014, Paris

愛這個世界
雖然它不夠完美

柏林

看見你的傷口與裂痕
當我從高高的電視塔下來
在你的毛細血管裡聽到呻吟與呼喊

在大教堂被炸毀的尖頂上
歷史的畫面總是不期而遇
在勝利柱上，在民宅上
彈孔像眼睛一樣醒著

總不用去博物館就會發現
那些傷痛一如失敗的初戀
遍佈城市的肌膚
微風也能吹出疼痛

我們去尋找柏林牆吧
那些依然佇立的，不過是恥辱柱
在主義的旗幟下生命在消逝
在死之前，撕下烏托邦的面具

還有，那些無辜猶太人

那些面色純淨的族類
在街頭的雕塑與文字裡
不斷呈現並詛咒那非人的過往

柏林，或是柏樹密佈的森林吧
任歷史的鏡子破碎
任美麗的哀愁遊蕩
在熊的腳步裡吟唱

紀念Berlin tour 11-15 August, 2014

20140831

愛這個世界
雖然它不夠完美

威尼斯之歌

我從異域的天上來
像一只水鳥，急速地
絮入藍水晶的、你的胸懷
永遠都有波與浪，肆意蕩漾
歷史與現實總是一開一合

許我站在木樁上的權利吧
興奮地看魚翔彩色鏡面裡
它們是岸上民居倒影裡的寵兒
或者，許我眼看漁民豐收接著豐收
火燒天的季節，唱晚總是最迷人

許我聆聽清晨古老教堂裡的鐘聲
虔誠的信徒總是準時在場
在不變的時間吞下十字架圖案的小餅
認真唱完聖歌後真實內心外湧
掬一捧新鮮的海水，濕潤熟悉的路石

許我見證千年不變的商人
在這座城市的每一個毛孔，搜尋暴利的訊息

他們讓這座古老的城市原始而鮮活
英倫的莎士比亞因此而不朽
不變的血與肉是最好的活寓言

或者，許我成為四季的風
用我的溫度與方向切割歲月
吹過青春的臉與白髮的頭
撫摸每一條毛細血管般的小路
給孤單的帆船提供不竭的動力

但我，不過是一個蓄謀已久的情人
背包魯莽造訪你的心臟
在你的脈動裡尋找現實與詩意
在燈影晃動的水巷深處
一杯紅酒，映照海上絢麗焰火

一切總會平靜，正如風與浪
正如海水終將漫過島嶼
吞沒我們的身體與記憶
在海的深處，千百年後
依然有一個我，執著為你放歌

21 July, 2014
紀念July 16-20,2014 Venice Tour

第三部

觀世語絲

我也有一個夢想

現在是中國的冬天。在960萬平方公里上的首都——北京的一角，霧霾很重，我看不清任何一個人，他們可能鬥志昂揚或面如菜色，原地踏步或行色匆匆，如我一樣，等待春風拂面、天高氣爽。此刻，我鼓起勇氣，對不認識的你，大聲說：

「我也有一個夢想！」

我希望中國的廁所，都按照機場的標準建設，比我們的臥室整潔、芳香，永遠不會缺少如廁用紙，永遠。

我希望我們的鄉村，河水清澈可直飲，湖泊裡快樂著野生魚類；我希望，我們的農民，可以自覺地把生活垃圾歸置到政府投資的處理站裡，而不是亂扔到河邊、山野。

我希望，至少在我們的每一個鄉鎮，圖書館是標配，館裡兒童區是重點區域。除了中外圖書，還有音像製品，免費向所有公民開放。我希望，鄉間的孩子們也喜歡不時光顧這裡；他們借閱時的笑容，是美好世間最好的佐證。

我希望我們的城市，不論大小，都是花園城市。那些四季全綠的樹，依季綻放的花，成為松鼠、小鳥和寵物們的樂園，也是城市白領、無業者和退休者的樂園。它們是戀愛的港灣、免費鍛鍊的場所，也是兒童成長的天堂。

我希望，我們的城市和鄉村，保留應有的歷史胎記：那些牌坊、廟宇，那些胡同、院落，那些石板路，不要成為「打破一個舊世界，建設一個新世界」的犧牲品。

我希望，深夜蒙眼現身中國任何一座城市的主要街道，第一眼就能猜出城市之名。

我希望我們的道路，永遠照顧弱勢者：正如行人之於機動車，孩童之於成人，殘疾人之於健全人。我希望，行人過馬路時，司機遠遠地踩住剎車，微笑著看他們繼續前行。

我希望，每一種職業都有尊嚴：掃地的，端盤子的，與公司白領、公務員同樣受人尊重。——他們像熱愛自己的親人一樣熱愛職業，也熱愛不同職業的人。

我希望，科層制社會在這片土地消失，扁平化社會悄然降臨：從「官本位」到「人本位」，沒有難以逾越的鴻溝。

我希望，道德是每個中國人的「地線」，法律是每個中國人的「天線」。「天」與「地」之間，是我們自由的大地。每一次故意或僥倖的逾越，都將付出應有的代價。

我希望，嚮往自由不僅是年輕人的專利，也是中年人、老年人的專利。正如我所希望的，旅行成為大多數人的生活方式。

我希望，「和諧社會」不只是一個口號：在社區裡，不同階層的人混居；在民族自治區，各民族混居；少數民族學生不只在民族中學；少數民族與漢族相互學習語言，學習文化。而漢族則有途徑學習少數民族語言。

我希望，基於安全的原因，公共場所應該布滿攝像頭，公車、地下鐵內的電視螢幕上不再是無人看的節目，而是車內不同

角度的影像直播。與此相反，我希望，大學教室裡不需要它們，奧威爾小說《1984》中的預言最好不要實現。

我希望，每一個中國人，以使用純淨、優雅的漢語為榮，以使用粗俗、難聽的語句為恥。做一個文明、有禮的人，從語言開始。

我希望，學生熱愛知識，追求真理，銳意創新，而不是人云亦云，掙錢至上。我們的學生，不再是「官本位」，也不是「書本位」，樂於走出學校的高牆，走入社會的深處，瞭解多彩的世界。

我希望，少一些不合法、不合理的禁區，無論是文化的，還是藝術的。正如「讀書無禁區」、「創作無禁區」，創造性其實就在於不斷突破禁忌。

我希望，每一年非正常死亡的人數為零：我們的孩子能夠樂享童年，我們成人能夠健康、平安走完一生。

我希望，在中華大地的每一個角落，人們可以廉價甚至免費通過網路連接世界，用感官體會「世界是平的」帶來的視野與溫度。

我希望，藝術就在我們的身邊：我們的建築，我們的道路，我們的公園，處處顯耀著美的星光。

我希望，我們居住的溫馨之家裡，至少有一件是中國人發明的現代產品；在我們的辦公和生活裡，不只有「Made in China」，更有「Created by China」。

我希望，我們的媒體不再有欺騙：廣播裡不再有治乙肝治性病之類的騙錢廣告，電視購物廣告更淨化，報紙上讓軟廣告變為

硬廣告。更重要的是，無論是廣告還是新聞，真實才是生命。

　　我希望，我們的公益廣告，不再是天天讓人坐地鐵要排隊，坐公交不要吃東西，在圖書館不要打呼嚕，不開賭氣車，而是「今天，我們不只關心中國，還要關心世界」。那些中國西部赤腳上學的孩童，埃博拉肆虐的非洲人民，中東國家被恐怖組織影響的平民，更值得我們關注。即令是捐助一元錢，也是世界意識的表現與增長。

　　我希望，在全世界，中國人不只是「吃貨」的代名詞。如同多棱鏡，他們理應在世界的舞臺上放射出多彩之光。

　　我希望，「謝謝」是我們這個國度使用最頻繁的詞，「微笑」是我們這個國度每一個人的通行證。

　　我希望……

　　我的夢，我的想，我希望不是一個夢，不只是想。

　　　　　　　　　　　　　　　　2014年歲末於北京

為什麼中國人
喜歡當演（戲）員（精）？

「我其實是一個演員」。

在電影《喜劇之王》裡，周星馳飾演的尹天仇對張柏芝飾演的柳飄飄說了好幾遍。

柳飄飄不過是一個底層的陪酒女，即令有姿色，也不過是沒有品位的女人。

尹天仇的這番話，不過是讓自己Bigger起來，主動進行身分區隔與階層確認，從而佔據心理上的優越感。

在現實生活中，尹天仇之類的人物非常多。比如一個在北京跑快遞的小哥，回到老家，就對困居鄉下的夥伴說，「老子在首都搞了一個物流公司，好多人都求我辦事」。

他之所以要拔高自己說些誇大其辭的話，不過是要證明自己比發小強而已。

當然，你要以為文化層級低的人才會如此虛偽，那你就OUT了。越有文化的人，反倒是陰謀詭計越多，表演的技法越發成熟、多樣。

以中國中央電視臺《新聞聯播》欄目來說，多年前，記者因網路色情話題採訪一個北京的小學生。她還小，就說：我打開網

頁，畫面「很黃很暴力」。諸君想一下，那是什麼樣的畫面？顯然，這不是小女生看到的，而記者編的臺本，讓我們祖國的花朵當了一回演員而已。同樣，當電視臺記者隨機採訪路人甲乙丙丁時，千萬不要相信他們是路人，他們可能是臺裡的實習生、記者的七大姑八大姨。

當然，更有文化的人每年忙著在各個高大上的場合相互吹捧。比如開一個作品首發式，昧心吹捧的唾液可以匯成黃河；一個論壇，基本聽不到人話；開全國代表會，照著稿子，說著僵屍一樣的話成為時尚。

在媒體上，媒介知識份子近年來風聲水起。比如國家電視台的一些評論員，什麼都懂，什麼都敢評，但細查其學科背景，彷彿十萬八千里；又比如《百家講壇》的講者，三寸不爛之舌晃人眼，但細究一下，他（她）真的是研究這個話題的嗎？說到底，他們大多是表演型知識份子。

餘生所見，最頂級的表演是在紅白兩事中。

所謂紅，即婚禮。新郎新娘是男女一號，雙方父母是男女二號，親朋好友則是男女三號。唯一不太表演的是婚禮主持人，常以獵奇的心態煽動情緒。在婚禮上，把好話說盡，從不流淚的人都感動得要哭。最大的高潮是男女一號的海誓山盟：「願得一人心，白首不相離」。可是，誰知道明天的明天，這兩人是否還在一個床上呢？

2016年，我在跑步時，看到麗都公園裡多起西式草坪婚禮在籌備，於是忍不住寫了這些句子：

很多人忙著結婚
很多人也忙著離婚
他們結的速度比我晨跑的速度慢
離得卻比我晚間入睡的速度要快

有人在公園裡搭起舞臺
觀眾持幣看一場過度煽情的表演
也有人在民政局捉對廝打
結婚證撕碎後漫天飛舞

我一直疑心如何判斷一場表演的好壞
有人把好詞說遍，有人把髒話說完
有人裸身相見前說的是愛情
有人背身過去後說的是婚姻

春風拂面，萬物瘋長
或者落葉滿坑，滿地黑泥
一個腳印跟隨另一個腳印
亦或交集後突然平行前行
就像我們飯桌上用筷子夾圓滑的豌豆
溜走的都是寶貴的青春印記
有誰嘗試去撿回某一個時間節點的溫情
就像海鷗飛過碧海藍天成為照片一景

很多人忙著到影樓拍照

很多人也忙著把合影毀掉

一如大街上兩排高高的樹

綠了又黃　　黃了又綠

在中國傳統的結婚儀軌中，鬧洞房是刺激得讓老外瞠目的群體秀。假戲真做的不少，比如揩新娘伴娘的油，就連一些公公都忍不住（至今陋習流傳）。最重頭的是，不管平時親與疏，在群體情緒煽動下都假裝成了親密的人，於是非把新郎新娘弄得死去活來。

在李安執導的電影《喜宴》中，婚禮成為鬧劇，這應該是鄉土中國幾代人的集體記憶。

所謂白，即喪葬。一家人中，生命的消失當然是悲傷的事情。可是且慢，從這個人斷氣到入土，卻是帶喜感的表演秀。

其中最高潮的表演是做道場。一般來說，有錢的就做得時間長：幾天幾夜不睡覺地守靈，道士念念有詞（還得持續給紅包），燈光通明，宴席大展，好一派中國風。請來歌舞團表演，唱些流行歌曲，各方親友頭戴白紗嗑著瓜子打著麻將笑著數錢馬臉輸錢。在多年前，至親（如子女）會在靈前哭訴想念之情，讓旁人誤以為天下孝子孝女教科書式人物就在眼前。沒幾個人知道，逝者生前遭遇的冷眼、白眼和可能耽誤了的治療。

不過，現在時代進步了：哭逝者也是一種職業。在吾鄉，有一近五十的大媽，從三十歲左右就開始代他人哭靈，嗓子好又專業，帶感情地哭，比逝者的親生子女哭得還好。這成了她的謀

生之道。

　　那麼，問題就來了：

　　為什麼在中國，不論行業，不論階層，都有那麼多表演型人物？

　　他們說著自己都不相信的話，假裝在領導（或上司）面前是綿羊（傻子）在愛人面前是模範窮人面前是富豪壞人面前是聖人？

　　說起來有好幾種原因吧：

　　一是為了利益（可以是政治的、經濟的和社會的）。領導最好面子，所以你會假裝很佩服他，他說的都是真的都是對的，以保持他對你的好感，至少無害。於是領導認為你是值得信賴的人，擇機會重用你。若諸君不健忘，一定會記得：為了政治利益而表演，最典型的案例是2008年北京奧運會開幕式上的假唱。

　　二是為了刷存在感。這一條與上一條有部分交集。因為刷存在感的行為中不少是沖利益而去，但也不絕對。抱著無謂目的，也可能刷存在感。

　　翟學偉先生在《中國人的行動邏輯》一書中描述了「中國人的臉面觀」，包括以下：有臉有面子、有臉無面子、無臉有面子和無臉無面子四類。臉是給別人看的，面子則是別人給的。人活一世，往往不過是要有臉有面子，就算是別人假裝給的.

　　若要進行更一步的探究，則要藉助外腦了。美國社會學家歐文・戈夫曼（Erving Goffman 1922-1982）寫過一本經典書，題為《日常生活中的自我呈現》，專門探討了人在社會生活中的表演。

　　戈夫曼提出的「擬劇理論」基本觀點是：社會就像一個大舞臺，而每個社會成員就像舞臺上的演員，不同的生命階段在社會

生活中扮演著不同的社會角色。

戈夫曼認為，社會成員在「角色表演」時，分為「前臺」和「後臺」。「前臺」是個體在表演期間有意無意使用的、標準的表達性設備。這一部分能夠被觀眾看到；「後臺」則是不讓關注看到的、同時限制觀眾與局外人進入的舞臺部分。在前臺，人表現出來的一面是社會化的自我，而在後臺，人們表現出來的則是自我中的自發的、最本質的那部分。「前臺」和「後臺」是相對的，它們之間可以相互轉換，而轉換的前提是表演者對自己所面對的互動對象的情景界定。

於是乎，我們在江湖遊走，縱然閱人無數，但看到的大多是對方的表像，也就是表演出來的形象。一如我們相親，呈現的全是美好；待到結婚，「後臺」顯影，於是種種失落浮現。

說到底是人性使然。英國哲學家休謨就認為，人類大都自私、貪婪、嫉妒而又富於野心，喜好統治別人。因此，他強調依靠法治和良好的政治體制，而不寄望於人治。

如你所知，最講面子的國家一定不是法治健全的國家，最喜歡表演的民族一定不是優良的民族。在某些國度，你不會表演，你就會吃虧，甚至命都丟了。所以，當皇帝的「新裝」穿上並遊街時，連三歲孩童也不會大喊「嘩，他什麼也沒穿！」而是老成地說：

「今天，皇帝穿得真好看，是上帝的化身！」

2018-03-15

當別人以為你是好人

「你可以幫幫我嗎？」

這個在西藏旅遊中途中認識的女生通過微信讓我打電話給她，第一句就是這個。

還記得是2015年8月，我一人到西藏旅遊，報了一個當地的旅行團到納木措玩一天。在大巴上，我右手邊坐的就是她。高挑、開朗，在高原穿得卻過少了，我把多帶的圍巾遞給她，彷彿她很受用，居然主動拿起手機在車上自拍她和我。我這樣的1970後老男人，的確不了解1990後小女生們的心靈。

不過是一天同遊的交集而已。只記得她當時在拉薩的一個茶樓打工。近一年後的一天，她微信我：「你可以打電話給我嗎？」我手機上實際上沒有她的電話號碼，要她傳過來，然後我打過去。

然後就是斷續的哭聲：

「前兩天他對我還挺好的。還給我洗腳。說不來就不來了」。

我問，「他是誰？」

「我男朋友。他有家庭。問題是我懷孕六個月了」。

如同我十多年前大學畢業後，剛工作時遇到一個妙齡女人問我的世界級問題：「丈夫先出軌，我才出軌：對方也有家庭，我

能和他私奔嗎？」但問她，「對方會離婚嗎？」她開始猶豫。最終這女人的現有婚姻持續，給的理由是為了孩子。

那時我對這種難題直接暈菜。多年後我才意識到，如果一個人為了和你在一起，不惜一切代價要離婚，這才是真愛，不然就是扯淡。

非常理性的我現在可以對這個90後女生開出藥方：

1. 如果防止打掉孩子導致以後不孕，可生下來，索要撫育費等；
2. 如果對這個男人沒有感情了，可以冒險把孩子打掉，但也要想法爭取賠償；
3. 如果以後斷交成為定局，讓對方的女人知道這段故事也不是壞事；
4. 打胎一定要到正規醫院，以防意外。
5. 可以打法律援助熱線，找一個免費律師。

理論跟理論，實際上現實更複雜。比如，她說，「他對我挺好的，不知道為什麼突然變了」，「正規醫院打胎，沒有男方好像也打不了。再說我一個人在這邊」。

情還在，人有念。她提出了一個方案讓我大吃一驚：

「我想生下這個孩子。我回老家生。但是在我們鄉下，非婚生子是大逆不道，也是不可能的事。所以我想找一個人跟我一起回去，扮我的老公……」

這時候我就想起曾經看過的電影《租期》（導演路學長），

卻沒想到「租夫」近在眼前。確實生活比戲劇更精彩。

她問：「你可以嗎？」

謎底揭開了，或許她誤以為我那時是王老五。更重要的是，她誤以為我是一個好人，如同借她圍巾一般，樂於助人。

可即使上述假設為真，我在不久的日子裡就會過上如戲劇般的生活：

與她在鄉村舉行隆重的婚禮，穿紅戴紅滿臉堆紅，牽她冰冷的小手舉杯喝50度的白酒醉倒在紅床上一任鄉親鬧得天翻地覆……

更重要的是，在漫長的幾個月裡，我需要和她假裝是真夫妻，睡在一間屋裡，走在田間地頭對勞作的人們賣力微笑。不時地還要串門親戚讓他們對我熟悉到化成灰也認識……

我短暫的青春歲月，因為這些戲劇般的生活而拉長，最可怕的是結果是：

假戲真做，我們最終成了真情侶。

這很可能就是「好人幫到底」的最終結局。

於是，我對她說，「或許我不合適。你把我想得太好了」。

她也沒再說什麼，自己太無助，實在想不到好的法子。

此後也沒有再聯繫，也不知道她最終的決定是什麼。

當然了，什麼事不見得都要有結局的吧。曾經在某地認識一個女孩，某天我就和她說：

「其實能夠認識就很好。理想的方式或是這樣的：今天認識，二十年後聯繫上你，問一聲‘過得還好嗎’就很好」。

說起來真的是溫暖又感傷。人間世，風轉水轉人轉事轉，不

過是刷刷存在感，未見得有什麼大意義。只不過，在塵世的一個動心照面，一句暖人的問候，甚至誤以為你是一個好人，想想也不枉此生。

2016年10月20日

在北京，當開車撞了人

　　我開了一輛10來萬元的轎車，三年多，不到2萬公里。但是，我從來沒有違過章被扣過分（比如酒駕闖紅燈之類），自詡開車很講規矩，還算比較穩。可是上個月，一樁事故改變了我的心理……

　　某晚十點許，我批閱完學生的論文後開車回家，沒出單位十多分鐘，在我最熟悉、跑了兩三年的路口，綠燈左轉時「砰」的一聲，車窗上騰起一人又掉下。我即刻剎車，打開雙閃，下車。原來是騎自行車的一小夥子，坐地上，手機摔地上，自行車也倒路邊。上前一問，他站起來，說「你把我撞了，看怎麼辦吧？」

　　……我回說：「是你闖紅燈了吧。這路口我太熟悉了」。他不吱聲，一會兒又說：「我的車摔壞了，我的手機攝像頭也摔了，我的腿疼……」停一陣後，他坐馬路上、我的車前說：「怎麼辦吧，給四百塊我走人」。

　　我當時身上不到一百元，再說這私了風險太大。一路人大哥向我喊，「別理他，不然不好說了」。所以我對小夥兒說：「你到底傷到沒有？不管怎樣，你應該到醫院去看一下。另外，關於事故，我的車前端撞壞了，需要交警來認定下」。一會兒，曾和他下班同行的一男子（騎的電動車）回過來看了一下：「撞了?!

你小子闖紅燈了吧。」

　　交警來後，問過雙方，我說小夥子闖紅燈，小夥子說沒有，是我撞了他。於是交警站在十字路口，多次觀察分析交通指示燈變化的情況，認同了我的說法，但對方咬定說正好是變紅燈前騎行過馬路。我問交警，「可以調錄影來看嗎？」答說：「可以吧。不過得扣車10天」。這太誇張吧。本著行人弱勢，我說那好吧，我也不再堅持我的立場，反正可以走保險。

　　於是交通責任書裡寫上我負主要責任沒有讓行人，騎車者則負次要責任。當晚11點多，我把小夥兒和其女友載到附近的醫院，付費讓他拍片，花費500多元。好在結果讓人滿意，只是皮外傷。按保險理賠的規定，醫生的診斷書是必要件，但小夥兒卻並沒有給我，說是向單位請假用。一出急診大樓，他追著主張：「手機要修，自行車也報廢了，也要賠」。我說得看保險公司的規定，能理賠，我就賠。

　　第二天，我去修車。路上，小夥子發短信訴苦，說修手機和自行車的事。我說問過保險公司，物品損失可以賠，但很麻煩。我轉了200元給他，說算修手機的，自行車的損失自己擔了吧。

　　我沒想到的是，在汽車修理公司，定損的保險公司工作人員說，你這責任認分主次，意味著你修花一萬，對方要出三千。我苦笑，找對方拿錢不是做夢嗎？工作人員說，那只能這樣，讓交警改單，就說你負全責，這樣維修全走保險。我很驚訝，這能行？工作人員說，以前有人改過。

　　但改事故責任書還得事故雙方到現場。當時我就打電話給騎

車小夥兒，細說端詳，說你也不用賠償，跟我走一趟行不行。一聽說我要請他同行，他立馬又來勁了：「是你撞的我。要我去一趟可以，得再轉200元給我」。當時我就被氣炸了：「你也太過份了吧！」但他就是不允。我又退一步，說事兒辦成後當場轉。

實際上改責任書並不是一件容易的事。先得找到那個交警，而他說不能改。請求半天，他又請示領導，終於同意，但當場要錄口供，我負全責，以後騎車小夥兒若出現任何問題（如癱瘓）都由我負責。於是我又當場要讓小夥兒錄口供，以後出任何問題我都不負責。

一番折騰下來，我成了撞人的司機，騎車的人一點責任沒有。這其實違反我的立場。但這樣下來，修車的幾千塊錢理賠很輕鬆，我又不花一分錢，醫療費也報銷了。

我們常說，行人之於機動車，是弱勢群體。其實很多時候還真不是。以我這次撞人經歷來說，如果我非要較真，通過錄影驗證是小夥兒闖紅燈了，我沒有一點責任。我付出的代價是：車被扣十天，還要多次跑交警隊。另外，就算是他全責，修車四五千，對方說沒錢，你怎麼辦？一個教法學的同事說：「耗不起。你打官司去，得多長時間？」

有時想起來挺可悲的：我一向覺得一個理想的社會要自由、平等、公平、公正。可基於時間、精力和利益的考量，自己這樣處理事情反倒是在反向前行。記得我在走出急診大樓時和1980後小夥兒說：「你算是運氣好。要是遇到一個新手，誤把油門當剎車，可能你命都沒了」。

車修完後，我又發了短信給他：「修車費一共6500元。以後騎車一定要小心」。

2016年2月

一朝登臺　至死謝幕？

　　2017年3月，我有幸到臺灣政治大學訪學，有一個驚人的發現：這所大學裡不僅校長是任期制，各學院的院長也是任期制，最多兩屆。而勞工研究所的所長只幹一屆（三年）。

　　以政治大學傳播學院為例，自1989年以來，共八屆院長。2006年以前均為兩年一屆，而2007-2012年，鐘蔚文成為在任最長的院長。

　　我特別問過該學院知名學者馮建三教授。他說，院長一般年收入比教授高四分之一，而願意當院長的，都不是為了那點錢，而是想在任期內推動一項改革。即令當了院長，因改革需要教授們支持，所以他自身的話語權也並不大。

　　於是我去拜訪現任院長林元輝（2013年上任）。在院長辦公室，他告訴我，當院長需要坐班，事務性的工作很多。我問，「那還做研究嗎？」林院長回答得很坦誠，「沒有時間，基本不做了」。

　　難怪，院長這個「官位」也不是學者們都想要的。我查了一下，臺灣大學新聞研究所成立近二十年，歷任所長已超過五人。

　　可是，反觀大陸的一些大學或學院，情況卻有很大不同。一般地說，大學校長都實現了任期制，但副校級、各院系負責人卻

並沒有實現任期制,從登臺到退休前依然穩坐釣魚臺的多得很。於是退休後,依然享受同等待遇的也不少見。

對這種現象,當事人當然可以列出一些自圓其說的原因:「我是創院(系)元老,沒有人比我更有資格在這個位置」、「老師都很信任我」、「我早就不想幹了,可沒有人願意上」、「每一屆到期後投票,得票最高的還是我」……

其實這些托詞並不是什麼新鮮貨。占位到底說到底還是要權力,而權力背後有利益。阿克頓勳爵曾說,「絕對的權力,導致絕對的腐敗」。如果細想下,「持續不斷的權力也容易導致腐敗」恐怕也不是妄語。

早在1980年8月18日,鄧小平在《人民日報》上發表《黨和國家領導制度的改革》,直指「權力不宜過分集中」,認為黨和國家的領導制度、幹部制度方面」主要的弊端就是官僚主義現象,權力過分集中的現象,家長制現象,幹部領導職務終身制現象和形形色色的特權現象」。他直言,「任何領導幹部的任職都不能是無限期的」。

相對來說,就高校來說,其運行系統相對封閉,尤其是中層管理系統(各院、系)。占山為王,且行獨斷之事,人事權、財權在手,難得沒有問題。

教育主管部門也意識到任期制的重要性。早在2000年,中組部、人事部和教育部聯合下發的《關於深化高等學校人事制度改革的實施意見》中,就提出了「任期制」:「探索實行高等學校領導班子和領導人員任期制。要明確任期目標,加強屆中、屆滿時對完成任期目標情況的考核,並把考核結果作為對領導人員獎

懲和任用的重要依據」。

2017年，中組部和教育部又印發《高等學校領導人員管理暫行辦法》的通知，規定：「領導班子和領導人員每個任期為五年，領導人員的任期一般應當與領導班子任期相一致。領導人員在同一崗位連續任職一般不超過兩屆或者十年。工作特殊需要的，按照幹部管理權限經批准後可以適當延長任職年限」。「完善領導人員交流輪崗制度，積極推進高等學校之間交流和學校內部輪崗」。

雖然兩個文件相隔近二十年，我們可以抱怨還停留在「暫行辦法」階段，但不可否認「學校內部輪崗」是一個好提法。

回到臺灣一些大學的做法，無論是政治大學傳播學院和勞工研究所，還是臺大新聞研究所，領導職務正是教授們輪流來做。其現實意義是，對同仁來說，可以通過平等的機會擔綱改革重任；另一方面，通過任職，可以換位思考問題，退位後亦可有助於系統的有效運行。

作為高級知識份子，高校的教師們應該是社會的精英，往高了說，是全社會的良心。如果他們緊抓權力，積極套利，對社會風氣害莫大焉。

為對抗可能的不正之風，推行任期制和換崗制是良藥，但不是神藥。最重要的是，要把領導崗位身上的附加值公開化，而且對其許可權（尤其是人事權和財權）進行限制。

這樣的設計當然不只適用於高校，對公共部門亦有參照意義。若能推行，「一朝登臺，勤勉工作」或不再是一句空話。

2017年4月19日於北京

當看板成為「弱者的武器」
——電影《三塊看板》
（Three Billboards）觀後

「Raped while Dying」（被強暴致死）

「Still No Arrests?」（還沒人落網？）

「How Come, Chief Willoughby?」（警察局局長威洛比，咋回事？）

紅底、黑字，文字簡潔，三塊看板（廣告牌）佇立在人跡罕至的公路旁，卻對美國一個鎮（及居民）產生了深遠的影響。

因為有了文字，廢舊的戶外看板從而獲得重生。三塊看板如同被強行推開的巨大窗戶，呈現了欲蓋彌彰的心靈故事。

故事本身並不複雜：

因女兒外時慘遭奸殺，米爾德雷德（Frances McDormand飾）和丈夫查理（John Hawkes飾）之間的婚姻關係因此走到了盡頭。如今，她同兒子羅比（Lucas Hedges飾）過著相依為命的生活。一晃幾個月過去了，案件仍然沒有告破徵兆，而警方似乎早已將注意力從案子上轉移開了。

於是被絕望和痛苦纏繞的米爾德雷德租下了高速公路邊上快被廢棄的三塊巨型看板，在上面控訴警方辦案無能，並將矛頭直接對準了警察局局長威洛比（Woody Harrelson飾）。實際上，

威洛比一直隱瞞著自己身患絕症命不久矣的事實。因為這三塊看板，米爾德雷德和威洛比的生活發生了翻天覆地的變化。

從社會學的角度來看，作為母親，米爾德雷德看起來是非常弱勢的：沒有體面的工作，離異後與上中學的兒子住一起。因為女兒的意外慘劇讓人顯得偏執，所以身邊基本沒什麼朋友。所以，米爾德雷德能動用的社會資本（如人脈）極其有限，員警對案件盡力後已然放棄破案。

應該說，通過三塊看板表達米爾德雷德的訴求，是非常無奈但又非常巧妙的舉動。說巧妙，是因為它們直接又含蓄；說無奈，是因為她手裡確實沒有其他更好的牌可打。借用美國農民研究專家詹姆斯・斯科特提出的概念，通過看板來宣示訴求，實際上是她不得已才使用的「弱者的武器」（Weapons of the weak）。

斯科特通過在馬來西亞農村的田野調查，認為公開的、有組織的政治行動對於多數下層階級來說是過於奢侈了，因為那即使不是自取滅亡，也是過於危險的。於是，農民日常形式的反抗通常包括：偷懶、裝糊塗、開小差、假裝順從、偷盜、裝傻賣呆，誹謗、縱火和怠工等等。這些被稱為「弱者的武器」的階級鬥爭形式具有共同特點：它們幾乎不需要事先的協調或計畫，它們利用心照不宣的理解和非正式的網路，通常表現為一種個體的自助形式；避免直接地、象徵性地對抗權威也是其重要特點。

就「弱者的武器」的資訊表現而言，可以分為「隱藏的文本」和「公開的文本」。前者如偷獵、盜竊、祕密地逃稅和故意怠工。「公開的文本」如當面嘲諷或怒斥。不過，對弱者來說，

由於權力支配者在場，其意義的表達並不一定是真實意思的表達。

　　在《三個看板》中，米爾德雷德冒險使用了「公開的文本」，而且是真實意思的表達。正是因為「安全」＋「真實」，從而驗證了福柯所說的「話語即權力」。通過這種自我賦權，讓本來弱勢的她頓時強大起來，實現了地位的反轉：原本看似強勢的警局局長、員警，實則因輿論壓力下的聲名危機，成為弱勢者。

　　當然，就影片故事推動來說，除了樹立三個看板，該行動的傳播其實更重要。所以我們看到，雖然看板身遠地自偏，但藉助現代傳媒（電視）的新聞報導，米爾德雷德的行動與主張傳到全鎮的每一個家庭，從而成為一種公共事件。新聞報導作為一種權力話語，實際上也成為米爾德雷德的精神助力，讓她從灰暗的生活中找尋到快樂。一如福柯所說：

　　　快樂來自行使提問權、監督權、看護權、監視權、查找權、觸摸權、揭發權；及另一方面因不得不規避這種權力、逃避它、愚弄它或戲擬它而引起的快樂。使自身被它所追逐的快樂所侵犯並反對它的權力，在炫耀、醜化、抵制的快樂之中顯示自己權力[1]。

　　不可否認的是，看板本身只是一個載體，最重要的是看板上的符碼。對駕駛員來說，關注看板的時間極為有限，於是，簡

---

[1] 轉引自【美】約翰・菲斯克：《解讀大眾文化》，楊全強譯，南京大學出版社2006年版，P125

潔、有力成為必要之選。

1. 「Raped while Dying」（被強暴致死）
2. 「Still No Arrests?」（還沒人落網？）
3. 「How Come, Chief Willoughby?」（警察局局長威洛比，咋回事？）

從新聞資訊的呈現來說，1是What，2是Who，3是Why。這符合一般閱聽人的資訊接收習慣，也就發生了什麼，誰幹的，為什麼。

當這三塊看板上的文字簡潔地呈現給路人時，也呈現給了觀眾，帶動了人們的探尋故事之心：因為字元的意義看起來確切，實際上又是模糊的。比如，到底誰被強暴致死？警察局局長威洛比跟這個案件有何關係？

電影符號學家C‧麥茨曾強調了「直接意指」和「含蓄意指」概念。從三塊看板的標語來說，實際上兼有之。更一步來說，它是對法國思想家居伊‧德波所說的「景觀政治」的反利用。

居伊‧德波認為，在現代生產條件無所不在的社會裡，生活本身展現為景觀（spectacles）的龐大堆聚。直接存在的一切全都轉化為一個表像（representation）。景觀的社會形式是所謂「空間」。而「空間就是一種獨特的統治形式」。在景觀社會裡，「少數人演出，多數人默默觀賞的某種表演」。所謂的少數人，當然是指作為幕後操控者的資本家，他們製造了全部的景觀性演出。而多數人，指的則是那些被支配的觀眾，即普通的芸芸眾生。

而在《三塊看板》中，米爾德雷德並不願意當「沉默的大多數」之一，而反向利用資本化的空間——看板，進行發聲，從而

再造了「景觀政治」。於是權力的勢能發生了大變化。

不過，正如影片展示的那樣，當「弱者的武器」鑄就新的「景觀政治」，問題卻產生了：表意符號的簡潔性卻有意隱瞞了諸多真相。比如米爾德雷德實際上性格本就有問題，對女兒的遭遇亦有間接責任；警察局局長並不是怠政，而是口碑極佳的公僕，還因胰腺癌將不久於人世，最終因輿論壓力而自殺身亡；米爾德雷德的偏執，就連其兒子都反感。

這確是「弱者的武器」的倫理困境。這讓我想起中國「上訪媽媽」唐慧的故事。2006年，其11歲的女兒被一理髮店打工仔誘姦，後被介紹到一休閒中心賣淫。湖南永州市中院的一審判決、兩次重審判決和湖南省高院的終審判決，均以強迫賣淫罪判處帶走其女兒的打工仔和休閒中心老闆死刑。

在採訪過唐慧的一位記者看來，唐慧女兒案子偵破和審理的六年，也是唐慧上訪的六年。「幾乎在每一次案件節點，都有唐慧激烈上訪的記錄」，「從最開始案子在永州市公安局立案調查，唐慧跪見公安局長開始。唐慧六年來從永州跪到長沙再跪到北京」。而按照唐慧自己的敘述，樂樂案從一開始就無法正常進行，是她通過「以死相逼」和不斷上訪，迫使該案走向正軌。

正因藉助「上訪」這一「弱者的武器」，本來孤立無援的唐慧通過聯繫傳媒報導案件，給地方維穩（信訪考核達標）帶來巨大挑戰，從而逆轉成為強者，官員們都怕她，還要討好她。

與中國語境確實有所區別，米爾德雷德除了夜燒警察局外，基本都是克制的，更多地通過看板標語「無聲的告示」來抗爭；電視媒體的持續報導也在為她賦權；一位被免職壞員警開始通過

努力幫她找到兇手，從而得到救贖。

　　當然，最有意思的是影片的結局：米爾德雷德和前員警開車上路，計畫用槍幹掉一個有強姦前科的男子。在路上，他們相互在問：「你確定要殺他嗎？」雙方的回答都是不一定，結果是：在路上再定吧。

　　這一開放式的結局顯然非常有深意，不只是契合了美國的主流價值觀（遵從法治，而非以暴制暴），也與基督教教義有關（每個人都有原罪，要寬恕罪人）。

　　正是從這個意義上說，「弱者的武器」也是一把雙刃劍，在強大自己的同時，如何不讓無辜者（或無關者）被傷害，是一大挑戰。更重要的是，和所有武器一樣，它也不是萬能的，無論是在美國，還是在中國。

20180317

愛這個世界 雖然它不夠完美

我喜歡鮮豔的你

我喜歡鮮豔的世界
比如心跳的紅
比如滿頭的黑
比如雲霄的白
在每一秒將我啟動
想像風起處的獨舞
想像茶杯裡的風暴

我喜歡鮮豔的你
暗夜裡展現迷人的光
一如上帝深情的諭示
一如山谷寺廟的晨鐘
在猝不及防裏把我叫醒
想像人世間無限美好
想像行旅中萬千風景

我喜歡這些鮮豔的文字
顯影出世界裡的你

顯影出你的世界
在我內心深處放歌
想像天高任鳥飛
想像在地連理枝

2018.3.12

門頭溝[1]

和戀人分手的時候
一個人到門頭溝吧

這裡有山有水
夕陽比北京城裡的大些
還可以聽到柴門裡的犬吠
坐在紅葉叢中懷念不久前
有說有笑　　手挽手漫步

有什麼悲傷比得過高山
還有什麼時光賽得過水長

就像門頭溝總有很多溝
三個人走過，兩個人走過，一個人走過
溝總在那裡面無表情
就像山野裡的風吹過頭頂

---

[1]　門頭溝是北京的一個郊區，位於西部，有山有水，有千年古剎潭柘寺等。

永遠不知道下一次風什麼時候來
永遠不知道下一個來的人是誰

戀愛的時候也請來門頭溝吧
手挽手漫步　有說有笑

看遍山間風景　聽夠水間鳥鳴
走過一個又一個溝壑
想像歡動的蝴蝶翻飛
翅膀如夢　映照朝陽
一如她的笑臉
在世間無盡流傳

2017.11.16

愛這個世界　雖然它不夠完美

只想在你身上浪費一生

在街角碰到你之前
我什麼都不是
飄流的浮瓶將在遠方找到歸宿
倦飛的鳥兒開始一點一滴築巢

那時候我看到一條蚯蚓鑽出地面
那時候我看到冰封大地開始有了生氣
那時候我看到鮮花開滿山莊

於是我什麼都不想
無論颱風下雨，還是電閃雷鳴
或者一把菜刀架在我脖子上
讓我成為衣不蔽體的原始人

我只不是任時光悄悄流走
一如你的滿頭青絲，深淺一笑
在我的腦海裡自動翻印

只想在你身上浪費一生
除了你，我一無所有
就讓我成為一只寄居蟹
附著在你的青春上衰老
在你舉手投足間，讓我成為流動的空氣
在春夏秋冬裡，變作不斷更新的服飾
在你上班的路上，成為你閒看的風景
在你回家的途中，安靜傾聽你的心事

只想在你身上浪費一生
我們去海邊踩沙吧，數一數它們的數量
我們去森林尋找蘑菇吧，找一找童話
或者去熟悉的遊樂場，讓木馬成為活馬

只想在你身上浪費一生
白天，一起看茶杯裡的花兒綻放
晚上，一起急行捕捉流星之美

還有什麼比牽你的手老去更重要的事呢
看身旁腳步匆忙
聽周圍喝三斥四
經不得內心的平靜如昔
一些人笑著要結婚
一些人鬧著要離婚

一些人急著想發財
一些人想著要自殺

我什麼都不想
在你的手心裡
我就想寫下一些時光
浪費我短短的一生

2016.12

愛這個世界

雖然它不夠完美

國家圖書館出版品預行編目

愛這個世界,雖然它不夠完美 / 張家渝著. -- 臺
　北市：獵海人, 2018.10
　　　面；　公分
　　ISBN 978-986-96985-3-5(平裝)

　1. 旅遊　2. 世界地理

719　　　　　　　　　　　107017745

愛這個世界，雖然它不夠完美

作　　者／張家渝

出版策劃／獵海人

製作銷售／秀威資訊科技股份有限公司

　　　　　114 台北市內湖區瑞光路76巷69號2樓

　　　　　電話：+886-2-2796-3638

　　　　　傳真：+886-2-2796-1377

網路訂購／秀威書店：https://store.showwe.tw

　　　　　博客來網路書店：http://www.books.com.tw

　　　　　三民網路書店：http://www.m.sanmin.com.tw

　　　　　金石堂網路書店：http://www.kingstone.com.tw

　　　　　讀冊生活：http://www.taaze.tw

出版日期／2018年10月

定　　價／350元